**신**의 칵테일 300

**일러두기**
이 책에 소개된 칵테일 중에는 저자 또는 특정 바의 오리지널 칵테일이 포함되어 있으며,
웹에서는 검색되지 않을 수 있습니다.

# 신의 칵테일 300

칵테일의 기본 공식과
300가지의 황금 레시피

마스터 이에쓰네 지음  김수정 옮김

## 신의 칵테일 300

**발행일** 2024년 5월 3일 초판 1쇄 발행
**지은이** 마스터 이에쓰네
**옮긴이** 김수정
**발행인** 강학경
**발행처** 시그마북스
**마케팅** 정제용
**에디터** 양수진, 최연정, 최윤정
**디자인** 김은경, 강경희, 김문배

**등록번호** 제10-965호
**주소** 서울특별시 영등포구 양평로 22길 21 선유도코오롱디지털타워 A402호
**전자우편** sigmabooks@spress.co.kr
**홈페이지** http://www.sigmabooks.co.kr
**전화** (02) 2062-5288~9
**팩시밀리** (02) 323-4197
**ISBN** 979-11-6862-235-7 (13590)

KAMI COCKTAIL 300
KIHON HOSOKU TO OGON RECIPE DE 「TEKITO BUNRYO」 DEMO ONIUMA!
ⒸMasterietune 2023
First published in Japan in 2023 by KADOKAWA CORPORATION, Tokyo. Korean translation rights arranged with KADOKAWA CORPORATION, Tokyo through AMO AGENCY.

이 책의 한국어판 저작권은 AMO에이전시를 통해 저작권자와 독점 계약한 **시그마북스**에 있습니다.
저작권법에 의해 한국 내에서 보호를 받는 저작물이므로 무단 전재와 무단 복제를 금합니다.

파본은 구매하신 서점에서 교환해드립니다.

* 시그마북스는 ㈜시그마프레스의 단행본 브랜드입니다.

# 들어가며

"칵테일을 만들려면 뭐부터 시작하는 게 좋을까?"

"바텐더처럼 셰이커를 흔들어보고 싶어. 그런데 필요한 도구가 너무 많아 보여."

"예전에는 집에서 칵테일 만들기도 했는데, 요즘은 바빠서 전혀 손도 못 대네."

"가끔이긴 하지만 맨날 만드는 것만 만들어서 다른 레시피에도 도전하고 싶어."

"자주 만들어 먹는 만큼 더 맛있게 만들고 싶어. 레시피도 더 늘리고."

이 책은 초심자부터 경험자까지, 모두의 고민을 한 방에 날려줄 칵테일 레시피 모음집입니다. '수고는 최소로, 맛은 최대로'가 콘셉트! 누구라도 좌절하지 않고 칵테일을 더욱 맛있고 손쉽게 즐길 수 있도록 정성과 노력을 다해 집필했습니다.

안녕하세요. 일본 에히메현의 이마바리시에 있는 <Cocktail Bar ANCHOR>에서 일하는 바텐더 겸 유튜버, 마스터 이에쓰네입니다.

<프로의 술 학원 마스터 이에쓰네>라는 유튜브 채널을 개설한 시기는 2020년 9월로, 전 세계적으로 코로나가 한창 기승을 부릴 때였습니다.

사회적 거리 두기로 밖에서 술을 마실 수 없는 상황이 되자 집에서 술을 즐기는 분들이 늘어난 시기였습니다. 그러던 어느 날, 단골손님이 '집에서 술 좀 마셔보려 했는데, 뭘 마셔야 할지 모르겠더라' 하고 종종 고민을 털어놓더군요. 이에 저는 몇 가지 간단한 칵테일 레시피를 적어 보냈었지요. 한동안 '맛있더라!'라는 연락을 기대하며 지냈는데, 돌아온 연락은 "무슨 말인지 전혀 모르겠어"라는 말이었습니다.

그래서 이번에는 칵테일을 만드는 영상을 찍어 보냈습니다. 다행히도 "이거라면 따라 해볼 만한데"라며 긍정적으로 봐주었습니다. 그렇게 영상들이 유튜브 채널로 발전했고, 채널은 어느새 13만 명이 넘는 구독자가 생겼습니다. 처음 시작할 때는 전혀 생각지도 못한 숫자입니다.

그런데 아쉬운 부분도 있었습니다. 긍정적인 반응과 함께 "칵테일을 만들어보고 싶긴 한데, 좀처럼 시작할 수가 없네"라는 반응도 자주 보였기 때문입니다.

그 이유를 곰곰이 생각해보니 '높은 진입장벽'이 원인이라는 생각이 들더군요. 도구나 술을 준비하고, 레시피를 기억하는 일이 '어려워 보여서'요.

그것은 1,000% 오해입니다. 저는 칵테일만큼 '진입장벽이 낮은' 분야도 없다고 생각합니다.

도구는 1,000원짜리여도 괜찮습니다. 술도 기본적인 것은 근처 슈퍼에서 살 수 있습니다. 레시피도 '기본 규칙'만 머릿속에 잘 넣어두면, 100종류든 150종류든 저절로 외워집니다.

물론 이 책에서도 '분량'을 표기하긴 합니다. 그러나 어디까지나 어림잡은 제 기준일 뿐입니다. 그러니 여기에 얽매이지 않아도 됩니다. 조합을 바꾸거나 부재료의 양을 바

꾸기만 해도 칵테일 종류는 무한대로 늘어납니다. 자신의 입맛에 맞게 레시피를 바꿔도 되는 것이 바로 칵테일입니다.

우선은 레시피대로 만들어봅시다. 그리고서 '조금 더 단 게 낫겠는데' 싶다면, 단맛이 나는 재료를 늘리면 됩니다. 조금 더 산뜻한 맛을 원한다면 상큼한 맛이 나는 재료를 늘리면 됩니다. 점점 자유롭게 조절해가는 것이죠.

'마음대로 하라고 하면 오히려 더 어려워요'라고 생각하는 사람도 있을 것입니다. 걱정하지 마세요. 이 책에는 '황금 레시피'도 수록되어 있거든요. 흔히들 말하는, 실패할 수 없는 조합입니다. 황금 레시피만 있다면 '눈대중'으로도 정말 맛있게 칵테일을 만들 수 있습니다.

한편, '정말 눈대중으로 대충 만들어도 되나요?'라는 의문을 품는 분들도 계시겠지요. 자신 있게 말할 수 있습니다. 대충 만들어도 됩니다!

물론 프로를 목표로 한다면 '대충 해도 된다'라고 할 수 없겠지요. 하지만 집에서 즐길 요량이라면 상관없지 않을까요?

칵테일을 '대단한 것'으로 볼 필요는 없습니다. 칵테일은 결국 사람이 즐기기 위한 것입니다. 사람이 '주'이지요. 칵테일은 이에 따르는 '종'일 뿐입니다. 자기만의 비율이 입에 잘 맞는다면 그게 곧 정답입니다. 레시피를 바꿔 가족, 친구, 연인 등 소중한 사람들의 취향에 맞춘 한 잔을 만들었다면 그것도 정답입니다.

오늘은 집에 돌아가는 길에 다이소나 슈퍼에 들러보는 것은 어떨까요?
그리고 오늘부터 셰이커를 신나게 흔들어볼까요?

마스터 이에쓰네

# 가성비 셰이커와
# 술 세 병으로 시작하는
# 칵테일 만들기

▲칵테일 셰이커 약 300ml

다이소 셰이커

세 가지 종류의 술

스피릿, 리큐어, 위스키.
세 가지 종류의 술을 기본으로
다양한 칵테일을 만들 수 있다.

혼자서 칵테일을 만들어보려고 하지만 어떻게 시작해야 할지 모르는 분들을 위해 준비했습니다.

어렵게 생각할 필요 없습니다. 일단 가벼운 마음으로 간단하게 시작해볼까요? 셰이커는 다이소 등에서 산 저렴한 제품이어도 됩니다. 그리고 주 베이스가 되는 세 종류의 술(스피릿, 리큐어, 위스키) 만 있으면, 입맛에 맞는 부재료를 추가해 자기 취향에 딱 맞는 칵테일을 만들 수 있습니다.

스피릿이 뭐지? 리큐어는 또 뭐고? 빌드, 스터는 대체 무슨 말이지? 이처럼 칵테일은 깊이 파고 들수록 더 어려워진다고 느끼나요?

하지만 걱정할 필요 없습니다. 이 책을 다 읽은 후에는 이전의 자신과는 비교도 안 될 만큼 칵테일 관련 지식이나 만드는 방법 등을 터득하게 될 것입니다. 망설이지 말고 시도해보세요. 시도해보면 알게 될 것입니다. 편한 마음으로 칵테일 만들기를 시작해볼까요?

# \ 있으면 편리한 제품들! /

**미니 집게**
과일을 장식하거나 과즙을 짤 때 씁니다.

**보헤미안 다이아 냉주 잔 50ml**
샷 칵테일을 담기 위한 잔으로 추천합니다.

**투명 간장 스프레이 80ml**
좋아하는 아로마나 리큐어로 향을 더할 때 사용하기에 좋습니다.

**미니 계량컵**
칵테일용 계량컵 대신. 위에서도 눈금이 보여 사용하기 편합니다.

**스테인리스 손잡이가 달린 찻잎 거름기**
셰이크를 하면 자잘한 얼음이 생겨 맛이 연해집니다. 셰이커에 담긴 음료를 찻잎 거름기로 거르면서 따라내어 자잘한 얼음을 제거합니다.

**나무 손잡이 아이스 픽**
가정용 제빙기 얼음으로 만든 칵테일은 맛이 없기 때문에 판매용 얼음을 아이스 픽으로 쪼개서 사용하기를 추천합니다.

**카푸치노 믹서**
사워 계열 칵테일을 만들 때. 달걀흰자처럼 셰이크하기 어려운 재료를 풀기 위해 사용하면 좋습니다.

**핑킹가위**
레몬 껍질 등을 장식할 때 핑킹가위로 자르면 예쁜 톱니바퀴 모양을 낼 수 있어 프로처럼 보입니다.

**얼음 집게**
얼음을 넣을 때 사용합니다. 위생을 위해 손이 아닌 집게로 얼음을 집어주세요.

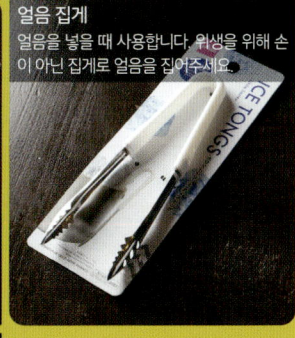

**병따개**
이거 하나면 모든 병뚜껑을 열 수 있습니다.

**스테인리스 머들러 스푼 20cm**
바 스푼의 대체품으로 빌드 칵테일을 만들 때 사용합니다.

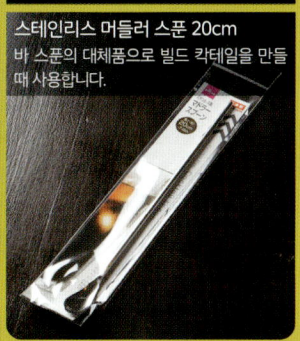

※ 게재한 제품들은 일본 다이소 기준입니다.

# 차례

- 들어가며    006

가성비 셰이커와 술 세 병으로 시작하는 칵테일 만들기    008
칵테일 인덱스    015
이 책을 보는 방법    028

## Chapter 1  제로부터 시작하는 칵테일 기본 지식

칵테일이란?    032
4대 스피릿이란? ① 진    033
4대 스피릿이란? ② 보드카    034
4대 스피릿이란? ③ 럼    035
4대 스피릿이란? ④ 테킬라    036
리큐어란?    037
칵테일 기법    038
칵테일 레시피를 외우는 규칙    040
이것만 알면 끝! 무조건 맛있는 황금 레시피    042
Column 1 [바의 역사와 특징을 살펴보자]    048

## Chapter 2
### '비주얼'과 '간편함' 모두 완벽!
### 특별 공개, 마스터 오리지널 레시피

| | |
|---|---|
| 마스터 칵테일 24종 | 050 |
| 마스터가 좋아하는 칵테일 TOP 10 | 074 |

## Chapter 3
### 1분도 안 걸리는 초간단 빌드 칵테일

**빌드 칵테일 114종** 　　　　　　　　　　　　　　080

진 베이스 ｜ 보드카 베이스 ｜ 럼 베이스 ｜ 테킬라 베이스 ｜ 위스키 베이스 ｜ 브랜디 베이스 ｜ 소주 베이스 ｜ 일본주 베이스 ｜ 레드 와인 베이스 ｜ 화이트 와인 베이스 ｜ 스파클링 와인 베이스 ｜ 맥주 베이스 ｜ 리큐어 베이스

| | |
|---|---|
| **마스터의 혼잣말**　사람에 따라 정답도 제각각 | 098 |
| Column 2  [슬기로운 바 생활] | 138 |

## 나 오늘따라 더 멋있어 보이지 않아?
## 오늘 당장 가능한 셰이크 칵테일

**셰이크 칵테일 65종**     140

진 베이스 ｜ 보드카 베이스 ｜ 럼 베이스 ｜ 테킬라 베이스 ｜ 위스키 베이스 ｜ 브랜디 베이스 ｜ 리큐어 베이스

**마스터의 혼잣말**    칵테일은 타이밍도 중요하다     145

**마스터의 혼잣말**    쓸모없던 당밀에서 탄생한 럼     173

## 이렇게까지 섞는 방법이 다르다고?
## 칵테일의 천국에 가까워지는 스터 기법

**스터 칵테일 20종**     176

진 베이스 ｜ 보드카 베이스 ｜ 럼 베이스 ｜ 테킬라 베이스 ｜ 위스키 베이스 ｜ 브랜디 베이스 ｜ 와인 베이스

**Column 3** [마스터의 히스토리-전편]     186

## Chapter 6

### 조금 수고롭긴 하지만 맛있으니까 용서한다! 보물처럼 소중한 블렌드 레시피

| | |
|---|---|
| 블렌드 칵테일 8종 | 188 |
| Column 4 [마스터의 히스토리-중편] | 192 |

## Chapter 7

### 다음 날 숙취는 필연? 높은 도수의 지옥행 칵테일부터 천국행 논 알코올까지

| | |
|---|---|
| 비주얼 칵테일 8종 | 194 |
| 만취 칵테일 10종 | 199 |
| 샷 칵테일 9종 | 204 |
| 마스터의 혼잣말   전 세계에서 인기 폭발 중인 피스코! | 208 |
| 논 알코올 칵테일 10종 | 209 |
| Column 5 [마스터의 히스토리-후편] | 214 |

 눈을 감으면 그곳이 여기에…
유명 가게의 오리지널 칵테일 체험

유명 가게 칵테일 22종					216

- 마무리하며    228

# 칵테일 인덱스

이 책에 소개된 칵테일을 사진과 베이스로 분류.
좋아하는 베이스, 비주얼로 마음에 드는 칵테일을 찾아봅시다.

**진 베이스**

| | | |
|---|---|---|
| P 050 앵커 진 토닉 | P 066 오시마 김렛 | P 071 세계 2위의 진 토닉 | P 072 딸기와 마스카르포네 액체 질소 칵테일 |
| P 076 키위 마티니 | P 080 진 토닉 | P 080 진 벅 | P 081 진 리키 | P 081 진 라임 |
| P 082 네그로니 | P 082 진 앤 잇 | P 083 걸프 브리즈 | P 083 도그스 노즈 | P 084 닌자 터틀 |
| P 084 블러디 샘 | P 140 화이트 레이디 | P 140 블루 문 | P 141 핑크 레이디 | P 141 김렛 |

015

\ 칵테일 인덱스 /

| P 142 어라운드 더 월드 | P 142 푸른 산호초 | P 143 멕시카노 | P 143 롤리타 | P 144 카이칸 진 피즈 |
| P 144 5517 | P 145 그랑 블루 | P 176 마티니 | P 176 파파티니 | P 177 트리니티 |
| P 177 로사 | P 178 플레임 오브 마티니 | P 178 피카디리 | P 194 시티 코랄 | P 194 스프링 오페라 |
| P 198 걸프 스트림 | P 199 어스퀘이크 | P 202 그린 알래스카 | P 216 뉴잭 진 토닉 | P 216 마리골드와 밀짚모자 진 토닉 |
| P 217 마티니 진 토닉 | P 217 멜론 크림 진 토닉 | P 218 통카 & 커피 토닉 | P 218 피치 멜바 & 비트 토닉 | P 219 유자와 말차 진 토닉 |

P 219
밤부 셰리 토닉

P 220
어도러블

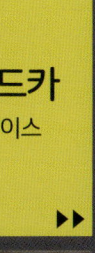
P 222
비즈 니스

P 224
두 왑 자스민 펀치

P 226
뉴잭 사워

P 227
미초 풀

## 보드카
베이스
▶▶

P 073
키위와 자몽 액체 질소 칵테일

P 074
즈브로카 토닉

P 077
에스프레소 마티니

P 078
코스모폴리탄

P 085
그레이하운드

P 085
솔티 도그

P 086
갓 마더

P 086
스크루드라이버

P 087
하베이 월 뱅거

P 087
케이프 코더

P 088
블랙 러시안

P 088
화이트 러시안

P 089
블러디 메리

P 089
모스코 뮬

P 146
카미카제

P 146
시 브리즈

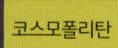
P 147
섹스 온 더 비치

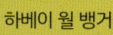
P 147
발랄라이카

017

\ 칵테일 인덱스 /

| 설국 P 148 | 블루 라군 P 148 | 아르카디아 P 149 | 섹스 인 더 우드 P 149 | 퀘일루드 P 150 |
| 에스푸아 P 150 | 짜리누 P 179 | 펑키 그래스호퍼 P 179 | 블루 돌핀 마티니 P 180 | FBI P 190 |
| 보드카 아이스버그 P 203 | 우우 P 205 | 럼 베이스 ▶▶ | 트레저 모히토 P 051 | 오치 에스프레소 마티니 P 054 |
| 도라야키 네그로니 P 056 | 쟈마이카 죠 P 074 | 모히토 P 077 | 쿠바 리브레 P 090 | 럼 앤 파인 P 090 |
| 트로피컬 골드 P 091 | 라운지 리자드 P 091 | 보그 포크 P 092 | 윈드워드 아일랜드 P 092 | 칸찬차라 P 093 |

018

| P 093 | P 094 | P 094 | P 151 | P 151 |
|---|---|---|---|---|
| 블랙 로즈 | 솔 쿠바노 | 핫 버터드 럼 | XYZ | 쿠반 |
|  P 152 | P 152 | P 153 | P 153 | P 180 |
| 코랄 | 밀리어네어 | 하바나 비치 | 트와일라잇 존 | 엘 프레지던트 |
|  P 188 | P 188 | P 190 | P 191 | P 197 |
| 그린 아이즈 | 프로즌 다이키리 | 프로즌 바나나 다이키리 | 아마레토 피나콜라다 | 스카이 다이빙 |
|  P 200 | P 200 | P 201 | P 224 | |
| 다이너마이트 콕 | 좀비 | 잭 타르 | 트로픽 콜라다 | **테킬라** 베이스 |
|  P 065 | P 095 | P 095 | P 096 | P 096 |
| 감귤 마가리타 | 엘 디아블로 | 테킬라 선라이즈 | 브레이브 불 | TVR |

# 칵테일 인덱스

| | | | | | |
|---|---|---|---|---|---|
| P 097 | P 097 | P 098 | P 099 | P 099 | |
| 티후아나 스크루 | 테킬라 하이랜더 | 테코닉 | 테킬라 선스트로크 | 코로나 슬램 | |
| P 154 | P 154 | P 155 | P 155 | P 156 | |
| 마가리타 | 마타도르 | 에버 그린 | 모킹 버드 | 슬로 테킬라 | |
| P 156 | P 157 | P 157 | P 158 | P 158 | |
| 아이스 브레이커 | 콘테사 | 티후아나 체리 | 매직 버스 | 이브 피치 | |
| P 181 | P 189 | P 189 | P 191 | P 197 | |
| 피카도르 | 테킬라 선셋 | 프로즌 마가리타 | 망고 마가리타 | 풀사이드 마가리타 | |

## 위스키 베이스

| | | | |
|---|---|---|---|
| P 053 | P 063 | P 068 | P 100 |
| 위스키 POM 사워 | 포기븐 | 네코 하이볼 | 위스키 하이볼 |

 P 100 올드 패션드
 P 101 민트 줄렙
 P 101 사제락
 P 102 마미 테일러
 P 102 퍼플 페더

 P 159 처칠
 P 159 뉴욕
 P 160 하이 햇
 P 160 샴록
 P 161 론리 하트

 P 161 노르망디 잭
 P 162 알폰소 카포네
 P 162 위스키 사워
 P 163 허리케인
 P 181 올드 팔

 P 182 키스미 퀵
 P 182 맨해튼
 P 183 로브 로이
 P 195 블루 블레이저
 P 221 붓다 브랜드 뉴 패션

 P 227 권총 두 자루
 브랜디 베이스
 P 103 더티 마더
 P 103 프렌치 커넥션
P 104 헐크

\ 칵테일 인덱스 /

| 퍼지 브라더 P 104 | 조세핀 루즈 P 105 | 바나나 브리즈 P 105 | 프렌치 에메랄드 P 106 | 스노우 맨 P 106 |
| --- | --- | --- | --- | --- |
| 사이드 카 P 163 | 큐반 칵테일 P 164 | 알렉산더 P 164 | 스팅어 P 165 | 올림픽 P 165 |
| 체리 블로썸 P 166 | 비트윈 더 시트 P 166 | 잭 인 더 박스 P 167 | 피스코 사워 P 167 | 에그 사와 P 168 |
| 브랜디 칵테일 P 183 | 콥스 리바이버 P 184 | 니콜라시카 P 204 | 소주 베이스 ▶▶ | 쇼츄 블루 P 107 |
| 언스위트 메모리 P 107 | 쇼츄 화이트 P 108 | 밀크 펀치 P 222 | 일본주 베이스 ▶▶ | 사무라이 록 P 108 |

| | | | | |
|---|---|---|---|---|
| P 109 블랙 나다 | P 109 재패니즈 키르 로열 | **와인** 베이스 ▶▶ | P 110 키티 | P 110 칼리모초 |
|  P 111 아메리칸 레모네이드 |  P 111 로자 로사 |  P 112 퀸 샬롯 |  P 112 키르 |  P 113 스프리처 |
|  P 113 오페레타 |  P 114 페슈 키르 |  P 114 메이페어 스프리처 |  P 115 키르 임페리얼 |  P 115 키르 로열 |
| 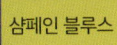 P 116 샴페인 블루스 | P 116 티치아노 | P 117 벨리니 | P 117 미모사 | P 118 크리스털 라인 |
| P 184 아도니스 |  P 185 심포니 |  P 185 밤부 |  **맥주** 베이스 ▶▶ |  P 118 블랙 벨벳 |

023

\칵테일 인덱스/

| 샌디 가프 P 119 | 레드 아이 P 119 | 서브마린 P 120 | 크랜베리 비어 P 120 | 파나셰 P 121 |
| 에그 비어 P 121 | 리큐어 베이스 ▶▶ | FC 레몬 사워 P 052 | 트로피컬 카시스 오렌지 P 057 | 어른을 위한 멜론 소다 P 058 |
| PPAP P 059 | 제이드 P 060 | 수박 & 키위 P 061 | 드라큘라 P 062 | 이스파한 P 064 |
| 언포기븐 P 067 | 원 러브 잉글랜드 P 069 | 쿠루시마 스카이 P 070 | 예거 밤 P 075 | 쏘코 라임 샷 P 075 |
| 뉴욕 치즈 케이크 P 076 | 카시스 오렌지 P 122 | 카시스 자몽 P 122 | 카시스 우롱 P 123 | 카시스 밀크 P 123 |

| | | | | |
|---|---|---|---|---|
| P 124 | P 124 | P 125 | P 125 | P 126 |
| 카시스 소다 | 퍼지 네이블 | 레게 펀치 | 피치 블래스터 | 캄파리 소다 |
|  P 126 | P 127 | P 127 | P 128 | P 128 |
| 스푸모니 | 캄파리 자몽 | 아메리카노 | 네그로니 스발리아토 | 제우스 |
|  P 129 | P 129 | P 130 | P 130 | P 131 |
| 칼루아 밀크 | 메히코 펀치 | 칼루아 트위스트 | 카페 칼루아 | 칼루아 베리 |
|  P 131 | P 132 | P 132 | P 133 | P 133 |
| 그린 칼피스 | 멜론 볼 | 미도리 스푸모니 | 시칠리안 키스 | 쏘코 진저 |
|  P 134 | P 134 | P 135 | P 135 | P 136 |
| 볼 파크 | 프랑부아즈 칼루아 | 프랑부아즈 자몽 | 프랑부아즈 복숭아 칼피스 | 라즈베리 스네이크 바이트 |

# \ 칵테일 인덱스 /

| | | |
|---|---|---|
| P 136 보치 볼 |  P 137 아마레토 진저 |  P 168 그래스호퍼 |
|  P 169 골든 캐딜락 |  P 169 찰리 채플린 | |
|  P 170 바이올렛 피즈 |  P 170 핑퐁 |  P 171 마루루 |
|  P 171 할리우드 나이트 |  P 172 양귀비 | |
|  P 172 베일리스 말리부 슬라이드 |  P 198 브레인 해머릿지 |  P 202 나무아미타불 |
|  P 204 B-52 |  P 205 바주카 조 | |
|  P 206 알라바마 슬래머 |  P 206 퍼플 니플 |  P 208 펄 하버 |
|  P 220 그라치에 알라 나투라 | **논 알코올 베이스** ▶▶ | |
|  P 209 셜리 템플 |  P 209 사라토가 쿨러 |  P 210 신데렐라 |
|  P 210 버진 브리즈 |  P 211 후르츠 펀치 | |

# \ 이 책을 보는 방법 /

### ❶ 칵테일 이름

### ❷ 알코올 세기

마스터 기준의 알코올 세기 정도.
세기 정도는 '매우 강함 > 강함 > 강한 편 > 보통 > 약한 편 > 약함 > 논 알코올' 순.

### ❸ 맛

마스터 주관에 따른 술맛 평가(마스터는 어린이 입맛이라 사람에 따라 다르게 느껴질 수도 있습니다).

### ❹ 마시는 타이밍

해당 칵테일을 마시기에 가장 좋은 타이밍. 식전, 식후, 언제든, 건배할 때 등 참고해주세요.

### ❺ 재료

칵테일에 사용하는 재료입니다. 술에 특정 명칭 표기가 없는 경우, 아무 브랜드나 써도 괜찮다는 의미입니다. 장식은 추천하는 재료를 기재했기 때문에, 사진에 없는 장식이 포함되어 있을 수도 있습니다. 자르는 방식이나 양을 기재하지 않은 재료는 취향에 맞춰 즐기면 됩니다.

### ❻ 칵테일 기법

빌드  셰이크  스터  블렌드

※ 특수한 방법으로 만드는 경우나 논 알코올 칵테일의 경우에는 해당 아이콘이 없습니다.

### ❼ 만드는 법

### ❽ 마스터의 메모  마스터의 관점에서 칵테일의 특징, 일화를 소개합니다.

---

**<단위의 표기와 분량>**
1tsp(티스푼)…약 5ml
1dash(대시)…약 1ml(비터스 보틀 1회 흔들기=4~6방울)
1drop(드롭)…약 1/5ml(비터스 보틀 한 방울)
1cup(컵)…약 200ml
1PUSH(푸쉬)…약 0.07~0.15ml
UP(업)…잔을 꽉 채우기

**<가니시(장식)>**
레몬 껍질, 올리브, 꽃장식에 관해서는 꼭 재료에 표기된 것이 아니더라도 괜찮습니다.

**<주스>**
과일주스는 과즙 100% 주스를 사용했습니다.

편집/사쿠마 가즈히코 (유한회사 라이트하우스)
커버 디자인/야스가 유코
디자인/이노우에 나나미 (유한회사 라이트하우스)
촬영/시노즈카 요코, 오노 요스케
일러스트/다나카 겐이치로
교열/오라이도
칵테일 캐치프레이즈/하리야 겐타로

Chapter 1

# 제로부터 시작하는
# 칵테일 기본 지식

칵테일이란 과연 무엇일까?
이 장에서는 칵테일을 구성하는 술, 만드는 방법 등의 기본 지식을 소개합니다.

## 칵테일이란?

칵테일이란 여러 종류의 술과 과즙, 탄산 등을 섞어 만든 음료를 말합니다. 일종의 혼합 음료로, 칵테일을 구성하는 재료는 크게 세 가지로 나뉩니다.

첫 번째는 베이스가 되는 술로, 맥주, 와인, 일본주(사케) 같은 양조주와, 위스키, 브랜디, 소주(쇼츄) 같은 증류주를 가리킵니다. 양조주는 쌀, 보리, 포도 등의 원료를 효모로 사용해 알코올을 발효시켜 만든 술을 말하고, 증류주는 양조주를 증류기로 가열해 에탄올을 증발시켜 응축한 술을 말합니다. 증류주는 불순물이 제거되어서 보다 정제된 주류를 얻을 수 있습니다. 한편, 증류주에는 4대 스피릿이라 불리는 진, 보드카, 럼, 테킬라도 포함됩니다.

두 번째는 리큐어('리큐르'라고도 한다–옮긴이)입니다. 리큐어란 양조주나 증류주에 과일, 약초, 향초, 견과류 등 향이 나는 성분을 녹여서 넣어 만든 혼성주입니다. 리큐어라는 명칭의 유래에 대해서는 '녹이다'라는 의미의 라틴어 '리쿼파세레(Liquefacere)'가 어원이라는 설, 혹은 액체를 의미하는 프랑스어 '리쿼르(Liquor)'의 발음이 변화한 것이라는 설이 있습니다. 물이나 주스, 탄산과 섞는 것을 염두에 두고 만들기 때문에, 알코올 도수가 높은 종류가 많습니다.

세 번째는 각종 부재료입니다. 소다, 토닉 같은 탄산이나 오렌지, 자몽 등의 주스, 혹은 시럽, 달걀, 유제품 등이 해당합니다.

칵테일을 만드는 방법은 '베이스가 되는 술+리큐어+부재료', 이 세 가지를 조합하는 패턴과 베이스가 되는 술에 리큐어와 부재료를 조합한 패턴으로 나뉩니다. 이 둘 중 하나가 기본적인 구성이라고 보시면 됩니다.

**칵테일의 구성**

베이스가 되는 술 + 리큐어 + 부재료

베이스가 되는 술 or 리큐어 + 부재료

## 4대 스피릿이란? ① 진

칵테일에 사용하는 술 중에 가장 유명한 것이 바로 4대 스피릿인 진, 보드카, 럼, 테킬라입니다. 일본의 주세법에서는 청주부터 위스키까지 중 어느 쪽에도 해당하지 않는 주류이면서 불휘발분이 2도 미만인 술을 스피릿으로 분류합니다. 여기에 해당하는 것이 진, 보드카, 럼, 테킬라라 불리는 술입니다. 스피릿은 잡미가 적고 맛이 깔끔해서 칵테일에 활용하기 좋은 술로써 널리 활용됩니다.

그럼, 4대 스피릿 각각의 특징을 알아볼까요? 그 첫 번째로 진을 소개합니다.

진은 '주니퍼 베리를 주재료로 보태니컬 향을 입힌 증류주'라고 정의할 수 있습니다. 보태니컬은 직역하면 '식물의'란 뜻으로, 쉽게 말해 증류주에 사용하는 향초의 총칭을 의미합니다. 그중에서 주재료인 주니퍼 베리는 노간주나무의 과실을 건조한 것입니다. 진에 넣어야 하는 향초가 꼭 정해져 있지는 않아서, 가령 일본에서는 일본다운 맛을 연출하기 위해 말차, 유자, 산초 등을 넣을 때도 있습니다.

진의 원재료는 보리, 호밀, 옥수수 등의 곡물입니다. 진은 보태니컬 향이 생명이기 때문에, 맛이 충돌하지 않도록 무미의 곡물을 원료로 씁니다. 곡물을 연속증류기에서 증류해 증류주로 만들고 거기에 보태니컬 재료를 담그는 것이 일반적인 진의 제작 방식입니다.

그럼, 이제 진의 네 가지 종류를 소개해볼까요? 현재, 일반적으로 진이라고 불리는 술은 대부분 런던에서 생산된 드라이 진입니다. 드라이 진은 반복된 증류를 통해 깔끔한 맛을 추구하는 진으로 전 세계적으로 사랑받고 있습니다.

네덜란드의 쥬니버 진은 연속증류기를 사용하지 않고 단식증류기를 사용해 곡물의 풍미가 살아 있습니다. 달고 농후한 맛이 특징이며, 보통 스트레이트로 마십니다. 독일의 슈타인헤거는 슈타인하겐이라는 마을에서 만들어져 이와 같은 이름이 붙었다고 합니다. 발효시킨 주니퍼 베리를 단식증류기로 증류하여 만듭니다.

마지막으로 소개할 진은 올드 톰 진입니다. 올드 톰 진은 옛날 스타일의 영국 진으로, 연속증류기가 없던 시대에 설탕을 넣어 만든 단맛이 난다는 특징이 있습니다. 톰이라 불리는 검은 고양이가 실수로 진을 담아둔 술독에 빠진 일을 계기로, 톰의 향이 밴 진이라는 뜻의 이름이 지어졌습니다.

## 4대 스피릿이란? ② 보드카

보드카라 하면 주요 생산국인 러시아가 떠오르는데요. 난방이 없던 시절엔 보드카를 마셔 몸을 데웠을 정도로 알코올 도수가 높습니다.

원료는 호밀, 밀, 보리, 감자, 유당 등 다양합니다. 제작 방법은 원료를 가루로 갈아 으깨 당화시킵니다. 당화시킨 원료를 발효시켜 알코올로 만들고, 연속증류기에서 알코올 95% 이상의 그레인 스피릿을 만듭니다. 여기에 물을 추가해 알코올 도수를 40~60도 정도로 낮추고, 무미무취하게 만들기 위한 여과 작업을 반복합니다. 자작나무나 아카시아나무의 활성탄을 사용해 원료의 특징이 없어질 때까지 여과합니다. 품을 들여 증류하면 할수록 좋은 품질의 보드카로 변모해갑니다.

여러 번의 여과 과정을 거쳐 만들어지기 때문에 보드카는 무색무취입니다. 깔끔한 맛이 돋보이는 술로, 칵테일과의 궁합이 가장 좋다고도 합니다.

보드카는 크게 두 가지 종류로 나눌 수 있습니다. 앞서 설명한 무색에 투명한 클리어 보드카, 그리고 향을 입힌 플레이버 보드카입니다. 이 플레이버 보드카는 역발상에 의해 만들어졌습니다.

보드카가 널리 퍼지기 시작한 14세기경에는 다양한 곡물이 원료로 사용되고 있었습니다. 당시에는 스트레이트로 마시는 것은 건강에 좋지 않다고 생각해 과즙이나 물을 섞어 마셨는데, 증류기가 없어 잡미가 심했습니다. 원료의 냄새가 남아 있어 별로 마시기 좋지 않다는 문제가 있었습니다.

그래서 제조자는 역발상을 떠올려 허브나 과일의 추출액을 주입해 잡미를 가리고자 했습니다. 그렇게 해서 탄생한 것이 플레이버 보드카입니다.

플레이버 보드카 중 유명한 제품이 즈브로카 보드카입니다. 즈브로카 보드카는 폴란드의 세계유산인 비아워비에자 숲에서 채취한 바이슨 그라스라는 풀을 담근 보드카입니다. 병에 풀 한 줄기가 들어가 있는데, 이 풀은 수작업으로 넣는다고 하네요.

### 주요 보드카 생산지

러시아……한랭지역인 만큼 알코올 도수가 높은 보드카가 많은 것이 특징
폴란드……보드카 회사만 700개가 넘는다
미국……옥수수로 만든 것이 많고, 깔끔한 맛으로 칵테일용으로 적절

## 4대 스피릿이란? ③ 럼

럼의 원재료는 사탕수수입니다. 사탕수수는 당도가 최대치에 달하는 건기에 수확합니다. 다만 수확 직후부터 가수분해와 산화가 시작되므로 바로 주스 형태로 만들어야 할 만큼 속도가 생명입니다.

제작 방법에 대해 살펴보자면, 우선 사탕수수의 단단한 줄기를 세정·절단·압축하여 주스를 추출합니다. 이 주스를 가열하여 당화하고, 이후 원심 분리기에 넣습니다.

주스는 결정화되어 설탕이 되는 부분과 결정화되지 않아 설탕이 되지 않은 부분이 있습니다. 이 중 설탕이 되지 않은 부분을 '당밀'이라고 합니다. 전 세계 럼의 80%가 이 당밀로 만들어지며, 이를 가리켜 트래디셔널 럼이라고 합니다.

원심 분리기로 분리한 당밀을 24~36시간 발효시킵니다. 이 과정에서 만들어진 럼은 알코올 도수가 4도일 정도로 낮습니다. 이때부터 증류를 반복해 알코올 도수 70도 정도의 럼으로 거듭나며, 스테인리스 탱크에서 3~12개월 재워둡니다. 일정 기간 재운 다음 물을 추가해 병에 채워주면 완성입니다. 이 방법으로 만들어진 럼은 화이트 럼이라고 불립니다.

이 화이트 럼 단계부터 술통으로 옮겨 2년간 숙성한 것을 골드 럼이라고 하며, 3년 이상 장기 숙성시킨 것을 다크 럼이라고 합니다.

독자 여러분도 투명한 럼과 유색의 럼을 본 적이 있지 않은가요? 숙성 연수가 길면 길수록 술통의 색이 많이 배어 술의 색이 진해지는 원리입니다.

사탕수수를 원료로 한 증류주는 모두 럼으로 분류됩니다. 그중에 당밀뿐만 아니라 주스 부분도 포함해 사탕수수를 100% 사용한 럼도 있습니다. 이것을 아그리콜 럼이라고 합니다. 정의의 범위가 넓어 그 종류만 4만 종에 이를 정도로 다양한 럼이 있습니다.

**럼의 분류**

화이트 럼……칵테일에 자주 사용되는 무색에 투명하고 깔끔한 럼
골드 럼……2년간 술통에서 숙성시킨 약간 갈색을 띠는 럼
다크 럼……3년 이상 술통에서 숙성시킨 짙은 갈색의 럼. 자메이카산이 많다

## 4대 스피릿이란? ④ 테킬라

멕시코 고유의 술로 유명한 테킬라는 샷 잔으로 한 번에 마시는 이미지가 있지요. 그런데 샷으로 마셨을 때, 맛없다고 느낀 적이 있지 않나요? 아마도 마시기에 적합하지 않은 테킬라를 마셨을 가능성이 높습니다.

애당초 테킬라는 '100% 데 아가베(de Agave)'와 '믹스', 두 종류로 나뉩니다. 원재료는 아가베 테킬라나(블루 아가베)라 불리는 용설란입니다. 아가베는 열을 가하면 달콤한 향이 나는 식물인데, 이 아가베 줄기를 짜낸 즙을 증류해서 만든 것이 테킬라입니다.

이전 페이지에서 소개했던 럼은 정의의 범위가 넓었던 것에 반해 '테킬라'는 테킬라라고 불리기 위한 규제가 엄격합니다. 멕시코에 있는 테킬라 규제 위원회가 규정한 순서와 방법에 맞게 제조하지 않으면 테킬라로 인정받지 못합니다.

규제 위원회가 정한 큰 규칙은 멕시코 국내에서 재배된 아가베를 51% 이상 사용해야 한다는 것, 그리고 알코올 도수는 35~55도여야 한다는 것입니다. 이것을 위반하면 법적 조치를 내립니다.

앞에서 언급한 '100% 데 아가베'와 '믹스'의 차이는 아가베를 51% 이상 사용해야 한다는 규제로 인해 생겨났습니다. 51% 이상 사용하기만 하면 테킬라라고 할 수 있기 때문에, 믹스의 경우 아가베가 51%를 조금 넘는 정도이며 그 외 설탕이나 향료를 넣어 만듭니다.

한편, 아가베를 100% 사용하는 것은 아가베 본연의 단맛을 맛볼 수 있어 프리미엄 테킬라고도 불립니다. 프리미엄 테킬라는 숙성연수에 따라 부르는 방법이 달라집니다.

만들어지자마자 바로 출하하는 실버(블랑코, 프라타라고도 한다)는 무색투명합니다. 실버는 숙성되지 않았기 때문에 샷으로 먹기에 적합하지 않습니다. 실버를 샷으로 마시면 너무 맛이 없어서 다시는 마시고 싶어지지 않을 수도 있습니다. 실버는 칵테일 베이스에 적합한 테킬라입니다.

또 60일~1년 숙성한 것은 레포사도, 1년 이상 숙성한 것은 아네호, 3년 이상 숙성한 것은 엑스트라 아네호라고 분류합니다. 색이 있는 테킬라는 술통의 색이 물들 정도로 숙성 기간이 길었다고 생각하시면 됩니다. 장기 숙성한 테킬라는 위스키 같은 풍미가 있어 샷으로 마셔도 맛있습니다.

## 리큐어란?

증류주나 양조주에 과일, 약초, 향초 등 향기가 나는 성분을 녹여 만든 혼성주를 리큐어라고 합니다. 리큐어는 종류가 매우 많고, 주원료에 따라 네 가지로 분류할 수 있습니다.

### 과일 계열

과실의 과육이나 껍질로 만든 리큐어. 과일 풍미와 풍부한 색채가 매력으로, 단맛이 있어 마시기 좋다. 세상에 존재하는 과일 수만큼 그 종류도 다양하다.

**주요 종류**

크램 드 카시스(카시스), 쿠앵트로(오렌지), 파쏘아(패션후르츠), 디타(리치), 피치트리(복숭아), 미스티아(머스캣) 등

### 약초·향초 계열

약초나 향초, 향신료 등으로 만든 리큐어. 원래는 약용으로 쓰인 역사가 있다. 이름만큼 특유의 향이 강해 개성적인 풍미가 특징이다.

**주요 종류**

캄파리(약초와 비터 오렌지), 베르무트(화이트 와인과 향초), 바이올렛(제비꽃 추출물과 감귤계 과일), 홍차, 녹차 등

### 견과류·씨앗 계열

커피나 헤이즐넛, 살구씨 등 나무 열매나 과일의 씨앗, 콩류로 만들어진 리큐어. 고소한 향과 무게감 있는 단맛이 난다.

**주요 종류**

칼루아(커피), 아마레토(살구씨), 말리부(코코넛) 등

### 기타 특수 계열

앞의 세 가지 분류 중 어디에도 해당하지 않는 리큐어로 제조 기술이 비교적 새로운 리큐어. 달걀, 크림, 요거트 등 향이 강해서 디저트 계열이 많다.

**주요 종류**

베일리스(크림), 요구리토(요거트), 아드보카트(달걀) 등

# 칵테일 기법

 **기법❶ 빌드**

재료를 그대로 잔에 넣어 그 안에서 칵테일을 만드는 방식입니다. 각 재료를 따른 다음 바 스푼을 아래에서 위로 올려 가볍게 저어주기만 하면 됩니다. 술을 주스나 탄산과 섞는 롱 칵테일 종류에 자주 사용되는 기법입니다.

❶ 계량으로 재료를 잔에 따른다.
❷ 바 스푼으로 가볍게 섞는다.

 **기법❷ 스터**

믹싱 글라스 안에서 얼음을 굴려 모서리를 둥글게 합니다. 이는 얼음이 녹아 맛이 옅어지는 것을 방지하기 위해서입니다. 물을 버리고 믹싱 글라스에 술을 넣어 젓습니다. 스터가 끝나면 스트레이너를 믹싱 글라스 입구에 씌운 다음 내용물을 잔에 따라 완성합니다.

❶ 얼음의 모서리를 둥글렸다면 믹싱 글라스에 술을 넣는다.
❷ 스터 기법에서 사용하는 손가락은 중지와 약지뿐. 바 스푼을 중지로 누르고 약지로 튕기는 동작을 반복한다.
❸ 스트레이너를 믹싱 글라스 입구에 씌워 잔에 따른다.

## 기법❸ 셰이크

얼음과 재료를 셰이커에 넣은 다음 뚜껑을 덮을 때 공기를 빼냅니다(공기를 빼지 않으면 팽창해 폭발할 위험이 있습니다). 셰이커를 바르게 들고 몸 중앙에서 앞으로 밀어내듯이 움직입니다. 똑바로 밀어내면 얼음이 셰이커 바닥에 닿아 녹기 때문에 손목을 돌려 얼음이 셰이커 안쪽에서 굴려지듯 하는 것이 포인트입니다. 셰이크가 끝나면 뚜껑을 열어 잔에 따릅니다. 집에서 셰이크 칵테일을 만들 경우, 약 300ml짜리의 저렴한 칵테일 셰이커를 사용하셔도 됩니다.

 셰이커는 분리되기 쉬우므로 세 부분을 눌러준다. 오른손 엄지손가락으로 뚜껑, 검지로 몸통을 지지하고, 왼손으로 바닥을 누른다.

 몸 중앙에서 앞으로 밀어내면서 손목을 돌려 얼음을 회전시킨다. 점점 빠르게 움직이다가 셰이크를 끝낼 때는 점점 속도를 줄인다. 마지막에는 절도 있게 멈춘다.

## 기법❹ 블렌드

블렌더에 재료와 크러쉬드 아이스를 넣고 블렌드하면 프로즌 스타일의 칵테일이 만들어집니다. 얼음의 양을 제대로 지키지 않으면 물이 많아지므로 주의가 필요합니다. 도구만 있으면 누구든 쉽게 가능합니다.

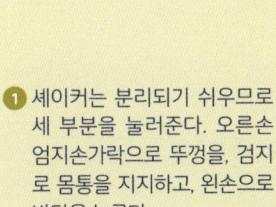 믹서에 재료를 넣어 블렌드한다.

# 칵테일 레시피를 외우는 규칙

칵테일의 종류는 밤하늘의 별의 개수만큼 다양하며, 지금 이 순간에도 새로운 칵테일이 탄생하고 있습니다. 따라서 모든 레시피를 외운다는 것은 불가능에 가깝습니다. 하지만 칵테일에는 규칙이 있어 기본 레시피를 외워두면 100종류, 150종류도 쉽게 외울 수 있습니다. 그 암기법을 함께 알아볼까요?

## ① 베리에이션으로 외우기

### 화이트 레이디 계열

화이트 레이디의 재료는 진, 쿠앵트로, 레몬 주스입니다. 베이스인 진을 보드카로 바꾸면 발랄라이카, 럼으로 바꾸면 XYZ가 됩니다.

### 모니 계열

원조는 캄파리+자몽 주스+토닉의 스푸모니입니다. 베이스가 럼이면 솔 쿠바노, 보드카면 보드카 솔 쿠바노, 테킬라면 팔로마가 됩니다.

### 갓 파더 계열

스카치 위스키와 아마레토를 조합하면 갓 파더가 만들어집니다. 스카치 위스키를 보드카로 바꾸면 갓 마더, 브랜디(코냑)로 바꾸면 프렌치 커넥션이 됩니다.

### 블러디 메리 계열

블러디 메리는 보드카, 토마토 주스로 만듭니다. 베이스가 진이면 블러디 샘, 테킬라면 스트로우 햇, 럼이면 쿠바니토가 됩니다.

### 알렉산더 계열

브랜디, 카카오, 생크림을 조합하면 알렉산더가 됩니다. 베이스가 보드카가 되면 바바라, 진이 되면 프린세스 메리가 됩니다.

### 맨해튼 계열

맨해튼은 라이 위스키와 스위트 베르무트로 만들어집니다. 베이스가 스카치 위스키면 로브 로이, 브랜디면 캐럴, 럼이면 리틀 프린세스가 됩니다.

## ② 부재료로 외우기

### 샴페인

샴페인+카시스는 키르 로열, 샴페인+생오렌지 주스는 미모사, 샴페인+피치 넥타는 벨리니가 됩니다.

### 맥주

맥주를 진저에일과 섞으면 샌디 가프, 토마토 주스와 섞으면 레드 아이, 레모네이드와 섞으면 파나셰, 화이트 와인과 섞으면 비어 스프리처가 됩니다.

### 진저에일

술+레몬 주스+진저에일의 조합을 '벅 스타일'이라고 합니다. 술을 진으로 바꾸면 진 벅, 럼으로 바꾸면 럼 벅, 테킬라로 바꾸면 테킬라 벅이 됩니다.

### 토닉워터와 콜라

토닉워터는 그대로 보드카 토닉, 진 토닉, 테킬라 토닉, 럼 토닉이 되며, 콜라는 럼과 만나면 쿠바 리브레, 말리부와 만나면 말리부 콕, 레드 와인과 만나면 칼리모초가 됩니다.

## ③ 스타일로 외우기

### 피즈 스타일

레몬 주스에 시럽을 추가하고 소다를 섞은 스타일입니다. 바이올렛 피즈, 진 피즈, 카카오 피즈 등이 있습니다.

### 사워 스타일

피즈 스타일에 소다가 빠진 버전입니다. 사워라는 분류는 산미가 있다는 의미입니다. 일반 술집에서 파는 탄산이 들어간 레몬 사와 등과는 다릅니다.

### 리키 스타일

술에 라임과 소다를 섞는 스타일입니다. 진 리키, 보드카 리키, 럼 리키, 테킬라 리키 등이 있습니다.

### 줄렙 스타일

술+민트+설탕+크러쉬드 아이스의 조합에 소다나 물을 채워 만드는 방식입니다.

\ 이것만 알면 끝! /

# 무조건 맛있는 황금 레시피

이전 페이지에서도 언급했다시피 칵테일의 종류는 무한으로, 레시피도 끝이 없습니다. 누구나 아는 대표적인 칵테일이 있긴 하지만, 분량이나 조합을 조금 바꾸기만 해도 새로운 칵테일이 되지요.

다만, 칵테일에 갓 입문했다면 어떤 술과 어떤 재료를 섞어야 좋을지 전혀 감이 오지 않을 것입니다. 그래서 이번에는 어떤 술, 어떤 리큐어를 써도 맛있어질 수밖에 없는 '황금 레시피'를 소개하려고 합니다. 이 '황금 레시피'만 알고 있다면, 초심자도 주변 사람들을 깜짝 놀라게 할 맛있는 칵테일을 만들 수 있답니다!

## 황금 레시피 1

**술 + 자몽 주스 + 토닉워터**

'모니 스타일'이라고 불리는 정석 중의 정석이라 할 수 있는 황금 레시피입니다. 술이 캄파리라면 '스푸모니', DITA라면 'DITA모니', 팟소라면 '팟시모니'가 됩니다. 술 1:자몽 주스 3:토닉워터 3이 기본 비율이지만, 자몽 주스와 토닉워터의 양은 대강 부어도 맛있다는 것이 이 레시피의 장점입니다. 자몽 주스와 토닉워터 조합은 예로 든 베이스 이외의 술과 섞어도 맛있는 칵테일이 됩니다.

베이스가 되는 술    자몽 주스    토닉워터

## 황금 레시피 2

### 술 + 진저에일 + 망고 주스

진저에일과 망고 주스 조합도 황금 레시피 중 하나입니다. 리큐어는 물론 4대 스피릿을 섞어도 맛있어집니다. 달고 마시기 편한 술을 좋아하는 사람이라면 망고 주스를 많이 넣고, 단맛을 안 좋아하는 사람이라면 진저에일을 많이 넣어 자기 취향껏 분량을 조절해보세요.

 +  +

베이스가 되는 술    진저에일    망고 주스

## 황금 레시피 3

### 술 + 쿠앵트로 + 레몬 주스

오렌지 리큐어인 쿠앵트로와 레몬 주스를 활용한 칵테일 하면, 역시 '화이트 레이디'지요. 황금 비율이 2:1:1이므로, 화이트 레이디의 경우, 베이스인 진이 30ml에 쿠앵트로와 레몬 주스가 각각 15ml가 됩니다. 쿠앵트로와 레몬 주스 조합이라면 진 외에 보드카, 테킬라가 베이스가 되어도 틀림없이 맛있답니다.

 +  +

베이스가 되는 술    쿠앵트로    레몬 주스

## 황금 레시피 4
## 술 + 쿠앵트로 + 라임 주스 + 크랜베리 주스

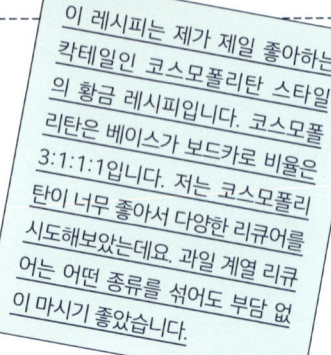

이 레시피는 제가 제일 좋아하는 칵테일인 코스모폴리탄 스타일의 황금 레시피입니다. 코스모폴리탄은 베이스가 보드카로 비율은 3:1:1:1입니다. 저는 코스모폴리탄이 너무 좋아서 다양한 리큐어를 시도해보았는데요. 과일 계열 리큐어는 어떤 종류를 섞어도 부담 없이 마시기 좋았습니다.

 +  +  +

베이스가 되는 술 　 쿠앵트로 　 라임 주스 　 크랜베리 주스

## 황금 레시피 5
## 술(진) + 라임 주스 + 그레나딘 시럽

달콤한 술을 좋아하는 사람에게 추천하는 황금 레시피입니다. 황금 레시피 ③에서 소개한 쿠앵트로+레몬 주스가 너무 산뜻하게 느껴지는 분은 라임 주스와 그레나딘 시럽 조합에 도전해보세요. 술은 스피릿 종류이기만 하면 어떻게 조합해도 찰떡입니다.

 +  +

베이스가 되는 술 　 라임 주스 　 그레나딘 시럽

## 황금 레시피 6

**술 +
진저 시럽 +
토닉워터 +
소다**

토닉워터와 소다를 반반 넣는 '소닉'과 진저 시럽을 조합한 황금 레시피입니다. 술은 벅 스타일과 잘 어울리므로 스피릿 종류나 위스키, 쿠앵트로 등과 맞춰주면 최고의 맛을 냅니다.

<진저 시럽 만드는 법>
크롬, 코리앤더, 육두구, 레몬그라스, 카다멈과 같은 향신료를 절구에 찧고, 생강 껍질을 벗겨 슬라이스한 다음 레몬 슬라이스 1개와 물을 넣고 졸입니다. 끓기 시작하면 내용물을 걸러내고 남은 액체의 양×1.2만큼의 설탕을 넣어 젓습니다.

## 황금 레시피 7

**위스키 +
우유 +
달콤한 종류의 리큐어**

약간 낯설게 느껴질 수 있는 황금 레시피입니다. 위스키와 우유를 섞은 '카우보이'라는 칵테일이 있는데요. 여기에 달콤한 종류의 리큐어(아마레토, 베일리스, 칼루아 등)를 추가하면 더욱 맛있어집니다. 단맛을 추가한다는 의미에서 꿀을 넣어도 좋지만, 잘 녹지 않기 때문에 달콤한 리큐어와 섞는 편을 추천합니다.

## 황금 레시피 8

# 과일 계열 리큐어 +
# 크랜베리 주스 +
# 칼피스

> 단것을 좋아하는 제가 가장 좋아하는 황금 레시피입니다. 칼피스+크랜베리 주스와 과일 계열 리큐어의 궁합은 정말 최고입니다. 카시스든 복숭아 리큐어든 청사과 리큐어든 맛있을 수밖에 없다고 예상되는 맛입니다. 개인적으로는 멜론 리큐어와 섞는 것을 가장 추천합니다.

  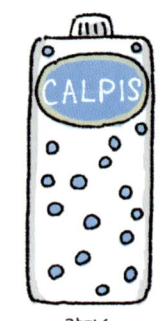

과일 계열 리큐어　　크랜베리 주스　　칼피스

## 황금 레시피 9

# 일본주 +
# 우유 +
# 칼피스

> 일본주를 활용한 황금 레시피입니다. 이 레시피는 '스노우○○○○'라 불리는 칵테일 조합으로, 칼피스를 셰이크해서 눈처럼 보슬보슬한 느낌이 납니다. 칼피스와 우유의 조합은 그 자체로도 맛있어서, 일본주가 안 맞는 분들도 맛있게 마실 수 있는 조합이 됩니다.

일본주　　　　우유　　　　칼피스

## \ 황금 레시피 테크닉 /
## 만능 시럽, 스위트 & 사워 믹스

레몬　　라임　　　　물　　　설탕 시럽

스위트 & 사워 믹스는 뭔가 부족하다 싶을 때 살짝 넣으면 원하던 맛이 나는 만능 시럽입니다. 이 시럽만 넣으면 어떤 칵테일이든 황금 레시피의 칵테일처럼 된다는 말이지요. 해외에서

스위트 & 사워 믹스라는 주스를 팔긴 하지만, 설탕 시럽, 물, 라임 주스, 레몬 주스를 1/4씩 넣어 직접 만들 수도 있습니다.

## \ 황금 레시피 테크닉 /
## 최고의 만능 리큐어 '엘더플라워'

생 제르맹

생 제르맹에서 만든 '엘더플라워'라는 리큐어를 기존의 레시피에 추가하면, 향이 매우 풍부해져 무엇이든 맛있어집니다. 최고의 만능 리큐어라고 할 수 있지요. 엘더플라워는 1년에 한 번, 봄이 끝날 무렵 2~3주간밖에 피지 않는 귀한 꽃입니다. 생 제르맹은 말린 것도 냉장한 것도 아닌, 오직 장인이 직접 손으로 딴 엘더플라워만 사용하기 때문에 풍부하고 화려한 향을 구현해냅니다. 또 어디에 넣어도 잘 어울립니다. 하이볼을 예로 든다면, 위스키 30ml, 소다 90ml에 엘더플라워를 10ml 추가하면 한층 더 맛있어집니다.

# Column 1 [바의 역사와 특징을 살펴보자]

바는 미국의 서부 개척 시대(1800년대)에 시작되었습니다. 일본에는 의외로 빠르게 유입되어 1860년쯤 요코하마에 최초의 바가 만들어졌다고 합니다. 다만, 이 당시 일본의 바는 일본인을 상대로 하기보다는 일본에 온 외국인을 상대로 하는 가게였다고 하네요.

일본의 첫 정식 바는 1880년에 개업한 아사쿠사의 '카미야 바'입니다. 그로부터 시간이 조금 더 흘러 1949년에 전국적으로 주류 판매가 자유화되며 여러 가게에서 술을 즐길 수 있게 되었습니다. 일본에서는 이 시기를 '바의 원년'이라고 봅니다.

바에는 다양한 종류가 있는데, 어떤 바가 있는지 하나하나 살펴보도록 할까요? 첫 번째는 어센틱 바입니다. 격식 있는 고급 바로, 처음 방문하는 분들에게는 장벽이 높습니다. 칵테일은 보통 한 잔당 2만 원 안팎이므로 10만 원 정도는 준비하고 가는 편이 좋습니다.

두 번째는 샷 바입니다. 칵테일은 한 잔에 1만 원 내외로 어센틱 바보다 친근한 가격대입니다.

세 번째는 스탠딩 바입니다. 말 그대로 서서 마시기 때문에 가격도 저렴한 편입니다. 여럿이서 시끌벅적하게 즐길 때 가기 좋은 바입니다. 스페인의 대중적인 식당이나 선술집을 뜻하는 '바르'가 스탠딩 바 스타일입니다.

네 번째는 다이닝 바로, 제가 운영하고 있는 <ANCHOR>도 해당합니다. 음식 메뉴가 잘 갖춰져 있어서 1차로 와도 충분히 음식과 술을 함께 즐길 수 있습니다.

다섯 번째는 뮤직 바입니다. 뮤직 바는 재즈 음악이 나온다면 재즈 바, 록 음악이 나온다면 록 바로 분류할 수 있습니다. 특징이라고 하면 가게 주인도, 손님도 음악을 좋아한다는 점인데, 음악을 좋아하는 사람이라면 혼자 가도 친구가 생긴다거나 단골이 되기 쉽습니다.

이 외에도 다트를 칠 수 있는 다트 바, 당구를 칠 수 있는 어뮤즈먼트 바나 와인에 특화된 와인 바 등 무언가 하나를 특화한 특화 바도 있습니다.

또, 영국 등의 대중 술집을 가리키는 펍도 바의 한 종류라고 할 수 있습니다. 맥주나 위스키를 마실 수 있고, 한 잔 마실 때마다 계산하는 시스템입니다.

이처럼 바에는 다양한 형태가 있으므로, 자기 취향에 맞는 바를 찾아서 즐거운 시간을 보내시길 바랍니다.

Chapter 2

# '비주얼'과 '간편함' 모두 완벽!
# 특별 공개, 마스터 오리지널 레시피

이 장에서는 마스터의 가게 <ANCHOR>에서 제공하고 있는
오리지널 칵테일과 마스터가 좋아하는 칵테일을 소개합니다.

**마스터 칵테일**

**마스터의 메모**
이름 그대로 저희 가게의 시그니처 칵테일입니다. 귤 껍질까지 활용하는 친환경적인 요소가 포인트입니다. 귤꽃 스프레이는 여름에 채집한 귤꽃을 냉동 보존해놓았다가 물과 섞어 증류하여 만듭니다. 손님에게 내기 전에 한 번 뿌리고, 모자를 씌우면 마실 때 향기도 함께 즐길 수 있습니다.

## 앵커 진 토닉

`보통`  `산뜻함`  `언제든`

꽃부터 껍질까지, 버릴 것 하나 없는 귤!

[재료]
앵커 진(귤 진) 30ml / 엘더플라워 10ml / 토닉워터 120ml / 귤꽃 스프레이 1PUSH

**귤**의 하얀 부분을 말끔하게 떼어내 식품 건조기로 건조한다. 건조한 귤을 진에 1시간 동안 담근다. 그다음 건더기를 걸러내어 귤 진을 만든다. 이 진과 생 제르맹의 엘더플라워를 얼음을 담은 잔에 넣어 섞는다. 여기에 토닉워터 120ml를 붓는다(분량 엄수). 마지막으로 귤꽃 스프레이를 한 번 뿌리고 잔 위에 모자를 씌워 완성한다.

# 트레저 모히토

> **마스터의 메모**
> 오시마에서 어부로 활동했던 경험에서 탄생한 칵테일입니다. 오시마는 무라카미 해적의 근거지로 옛날에는 해적이 많은 곳이었습니다. 해적과 보물 상자를 접목해 트레저 모히토라는 칵테일을 만들었습니다. 보물 상자 안에 연기를 채워 열었을 때 연기가 퍼져 나오도록 하는 연출을 했는데, 손님들의 반응이 좋아서 한 명이 주문하면 계속 주문이 들어옵니다.

*보물 상자를 여는 설렘*

`보통` `산뜻함` `언제든`

**[재료]**
스파이스드 럼 30ml / 민트 적당량 / 자체 제작 진저 시럽 20ml / 앙고스투라 비터스 6dash / 갓 짠 라임 주스 15ml / 소다 60ml

**온** 더락 글라스에 민트, 스파이스드 럼, 진저 시럽, 앙고스투라 비터스, 갓 짠 라임 주스를 넣고 가볍게 으깬 다음 소다를 붓는다. 그 위에 크러쉬드 아이스를 넣고 민트로 장식한다. 잔을 보물 상자 안에 넣고 안개를 만들어낸다.

마스터 칵테일

## FC 레몬 사워

( 보통 ) ( 산뜻함 ) ( 언제든 )

[재료]
자체 제작 리몬첼로 45ml /
갓 짠 무농약 레몬 주스 10ml /
자체 제작 다시마 시럽 1tsp /
세토내해 소금물 1PUSH / 소다 90ml /
자체 제작 블루 샤베트

리몬첼로, 레몬 주스, 다시마 시럽, 소금물을 얼음이 담긴 잔에 넣어 확실하게 젓는다. 이 위에 소다를 붓고, 탄산이 빠져도 상관없으니 다시 한번 제대로 섞어준다. 여기에 슬러시 상태의 블루 샤베트를 얹어서 완성한다. ※블루 샤베트는 블루 큐라소 1:토닉워터 3:소다 3에 크리스마스 산호섬 천일염을 뿌려 얼려서 만든다.

**마스터의 메모**

평소 축구 관전을 좋아해 고향 연고 팀인 FC 이마바리를 응원했는데요. 어느 날 구단 선수들과 전 국가대표 오카다 다케시가 가게를 방문하며 친분이 생겼습니다. FC 이마바리의 유니폼 색(파란색 상의와 노란색 하의)을 이미지화한 칵테일입니다. 나오자마자 그대로 마시면 처음엔 산뜻한 맛이 느껴지지만, 점점 달콤한 블루 샤베트가 녹으면서 맛이 변합니다. 산뜻함과 달콤함. 한 잔으로 두 가지 맛을 맛볼 수 있습니다.

'FC 이마바리'를 응원합니다!

> **마스터의 메모**
>
> 고향인 에히메현의 귤을 활용한 칵테일입니다. 에히메현의 자랑인 POM 주스는 일본 제일의 주스가 되자는 염원을 담아 붙인 이름이라고 합니다. 저희 가게의 POM도 일본 제일의 위스키 칵테일이 되길 바라며 이름 지었습니다. 이른바 위스키 사워 귤 버전입니다. 달면서도 산뜻한 맛이 특징입니다.

*일본 제일의 달고 산뜻한 맛!*

# 위스키 POM 사워

`보통`  `달고 산뜻함`  `언제든`

**[재료]**
글렌모렌지(위스키) 30ml / 무농약 레몬 주스 20ml / 자체 제작 유당제 10ml / 앙고스투라 비터스 6dash / 달걀흰자 30ml / 갓 짠 무농약 귤 주스 10ml

**얼**음을 담은 셰이커에 글렌모렌지, 레몬 주스, 유당제, 앙고스투라 비터스, 달걀흰자, 귤 주스를 넣어 셰이크한 다음 칵테일 잔에 붓는다.

## 마스터 칵테일

**이마바리가 사랑하는 커피와 함께**

`보통`  `달콤쌉쌀함`  `식후`

[재료]
커피콩을 절인 다크 럼 30ml /
커피 리큐어 15ml / PX 셰리 5ml /
카시스 시럽 10ml / 에스프레소 45ml

다크 럼, 커피 리큐어, PX 셰리, 카시스 시럽, 에스프레소를 얼음이 담긴 셰이커에 넣고 잘 섞는다. 칵테일 잔에 따른 다음 불에 그슬린 커피콩을 올려 마무리한다.

## 오치 에스프레소 마티니

**마스터의 메모**

이마바리에 있는 커피콩 가게인 오치 상점에서 선별한 커피콩을 사용합니다. 한편, 이마바리는 '오치'라는 성씨가 유독 많기로 유명합니다. 그래서 칵테일 이름만 봐도 '아, 이마바리 지역 칵테일이구나'라고 생각할 수 있을 것입니다. 카시스를 넣어 달콤한 맛이 나서 커피를 좋아하는 사람은 물론 커피가 잘 안 맞는 사람도 마시기 좋은 칵테일입니다.

| 약함 | 날날함 | 언제든 |

## 야마탄 밀크 펀치

[재료]
밀크 펀치 90ml / 패션후르츠 시럽 5ml /
(버터플라이피를 우려낸) 야마탄 15ml /
The SG Shochu KOME 15ml

밀크 펀치와 패션후르츠 시럽을 믹싱 글라스에서 스터한다. 여기에 버터플라이피를 우려낸 야마탄과 The SG Shochu KOME를 위에서부터 플로트(비중의 차이를 이용해 음료를 층층이 쌓는 칵테일 기법-옮긴이)한다.

**강력 추천, 지역 일본주로 만든 칵테일**

마스터의 메모
야마탄은 이마바리의 지역 술로 과일 향이 풍부해서 칵테일에 아주 잘 맞는 일본주입니다. 이 야마탄에 버터플라이피를 우려냅니다. 버터플라이피는 동남아시아에서 자라는 식물입니다.

마스터 칵테일

최강의 단짝 조합! 칵테일 한 잔, 도라야키 한 입

강한 편 | 달달함 | 식후

[재료]
자체 제작 도라야키 럼 30ml /
스위트 베르무트 15ml / 캄파리 20ml /
디사론노 아마레토 5ml / PX 셰리 5ml

자체 제작 도라야키 럼, 스위트 베르무트, 캄파리, 디사론노 아마레토, PX 셰리를 믹싱 글라스에 넣어 스터한 다음 얼음을 담은 잔에 따른다.

## 도라야키 네그로니

**마스터의 메모**

다크 럼과 도라야키를 블렌더로 섞은 다음 냉동하면 기름이 나오기 때문에, 섞은 내용물을 걸러서 자체 제작 도라야키 럼을 만드는 것이 포인트입니다. 도라이치의 소금버터맛 도라야키와 궁합이 잘 맞도록 네그로니는 단맛이 나게 했습니다. 달짝지근한 네그로니를 마시고서 짭짤한 도라야키를 번갈아 맛보아주세요. 도라이치의 도라야키를 맛있게 먹기 위해 만든 칵테일입니다.

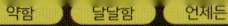

[재료]
카시스 30ml / 로즈 시럽 10ml / 무농약 귤 주스 60ml /
쿠앵트로 10ml / 레드 와인 30ml

**셰**이커에 모든 재료와 얼음을 넣고 셰이크 한다. 미리 차갑게 해둔 버드 글라스에 깔때기를 사용해 따라준다.

눈부시게 멋진 당신을 위하여

## 트로피컬 카시스 오렌지

**마스터의 메모**
카시스 오렌지와 와인 쿨러의 트위스트 칵테일입니다. 잔으로 새 모양 글라스를 사용했는데, 새는 슬랭으로 '매력적인 여성'이라는 뜻이 있습니다. 오늘 하루 고생한 여성 손님들께 추천하는 칵테일입니다.

마스터 칵테일

### 어른도 멜론 소다 좀 좋아할 수 있지!

# 어른을 위한 멜론 소다

( 약함 )  ( 달달함 )  ( 언제든 )

[재료]
미도리 30ml / 쿠앵트로 10ml /
바나나 리큐어 10ml / 진저에일 UP /
아이스크림 / 생크림 / 민트

**미**도리, 쿠앵트로, 바나나 리큐어를 잘 섞는다. 그 위에 진저에일을 붓고 가볍게 젓는다. 마지막으로 아이스크림, 생크림, 과일이나 파라솔 등으로 장식한다.

**마스터의 메모**

쉽게 말해 술이 들어간 멜론 소다로, 손님을 놀래주기 위해 고안한 레시피입니다. 사진으로는 가늠이 잘 안 되겠지만, 사이즈가 꽤 큽니다. 그래서인지 생일 케이크 대신 요청하는 손님이 많은 칵테일입니다. 축하를 위한 자리에서 다 함께 왁자지껄하게 즐기며 마시기에 좋습니다.

파인애플의, 파인애플에 의한, 그리고 파인애플을 위한

# PPAP

〔약함〕 〔달달함〕 〔식후〕

[재료]
파인애플 리큐어 30ml /
요그리나 요구르트 10ml /
그린 바나나 리큐어 10ml /
파인애플 주스 120ml

**파**인애플 리큐어, 요그리나 요구르트, 그린 바나나 리큐어를 잘 섞어준다. 그 위에 파인애플 주스를 따르고, 크러쉬드 아이스를 넣는다. 취향에 따라 딸기나 귤 등으로 장식한다.

### 마스터의 메모

독특한 파인애플 모양의 잔과 어울리는 파인애플 칵테일을 만들어보았습니다. 풍부한 열대 과일 맛을 즐길 수 있는 칵테일이지요. 도수도 약하고 맛도 달콤해서 칵테일이 낯선 분들도 맛있게 드실 수 있습니다. 칵테일 입문용으로 추천합니다.

마스터 칵테일

| 보통 | 달고 산뜻함 | 식후 |

[재료]
힙노틱 30ml / 쿠앵트로 15ml /
레몬 주스 10ml / 블루 큐라소 1tsp

먼 저 잔에 블루 큐라소를 넣고, 크러쉬드 아이스를 담는다. 힙노틱, 쿠앵트로, 레몬 주스를 셰이크한 다음 잔에 붓는다.

보석을 마시는 기분, 느껴볼래?

## 제이드

**마스터의 메모**

제이드는 '비취'라는 보석을 말합니다. 새파랗지도, 푸르스름하지도 않은, 신비한 색을 가진 비취의 이미지를 떠올리며 만든 칵테일입니다. 하지만 알고 보니 비취는 이러한 이미지가 아니더군요. 저의 착각이었습니다. 그런데 이미 손님들에게 선보인 데다 예쁘고 맛있다는 입소문이 나버려서 이름을 바꿀 수 없었다는 사연이 있습니다.

과일 제군들이여, 모여라!

## 수박 & 키위

**마스터의 메모**

한 모금 마시자마자 입안에 키위 맛이 확 퍼질 것입니다. 키위의 신맛과 주스의 단맛으로 균형을 맞췄습니다. 수박과 키위의 조합으로도 이미 맛있는데, 여기에 망고까지 넣어 각각의 맛을 더욱 살려주었습니다.

`보통`  `달콤함`  `식후`

[재료]
수박 리큐어 30ml / 농축 수박 시럽 5ml / 키위 1개 / 망고 주스 60ml

**셰**이커에 얼음, 적당한 크기로 자른 키위, 수박 리큐어, 수박 시럽, 망고 주스를 넣고 세게 흔들어 섞는다. 얼음째 잔에 부어주고 마지막에 키위로 장식한다.

## 마스터 칵테일

### 마시기 두려운 칵테일의 등장

**마스터의 메모**
예니 라키와 칼피스의 조합은 최악으로, 정말 맛이 없습니다. 식전, 식후, 어느 타이밍에도 맞을 리가 없습니다. 잔뜩 짜증이 난 상태와 어울릴 수도 있겠네요. 음료 아래에 깔린 그레나딘 시럽은 피를 표현한 것입니다. 매우 맛없어서 마시면 드라큘라에게 물린 것 같은 데미지가 있을지도요. 담력 시험용으로 도전해보세요.

# 드라큘라

| 아주 강함 | 맛없음 | - |

**[재료]**
예니 라키 60ml / 칼피스 15ml / 그레나딘 시럽 10ml

**잔**에 그레나딘 시럽을 깔고 예니 라키, 칼피스를 붓는다(섞지 않을 것). 연출을 위해 연기를 넣은 뒤 해골 뚜껑을 덮는다.

# 포기븐

> 맛있음과 맛없음은 종이 한 장 차이일지도?

`보통`  `달콤함`  `언제든`

**[재료]**
맛없는 위스키 30ml / 달걀 1개 / 라임 주스 10ml /
라임 껍질 소량 / 포기븐 시럽 20ml

**재**료를 블렌더로 휘저어준 다음 내용
물을 스트레이너로 걸러준다. 걸러
낸 음료를 셰이커에 넣어 셰이크하고, 얼음
이 담긴 온더락 글라스에 따라준다.

**마스터의 메모**

BOLS 세계 대회(바텐더 세계 대회)에서 2위를 차지한 전설의 바텐더이자 주류 유튜버인 아라이 히로히토와 유튜브에서 컬래버 기획을 진행한 적이 있습니다. 그때 일부러 맛없는 위스키를 가져가 "세계 2위라면 이걸로도 맛있는 위스키를 만들어주세요"라고 의뢰했습니다. 그는 즉석에서 정말 맛있는 칵테일을 만들어주었는데, 그 칵테일이 포기븐 칵테일입니다. 포기븐은 '용서받다'라는 의미로, 맛없는 위스키도 이 칵테일로 용서받았다는 의미입니다.

## 마스터 칵테일

# 이스파한

칵테일계의 놀이공원!

( 보통 )  ( 달달함 )  ( 언제든 )

[재료]
아프로디테 20ml / DITA 20ml /
자몽 주스 60ml / 라즈베리 퓨레 MIX 10ml

재료와 얼음을 셰이커에 넣어 셰이크한다. 가볍게 흔드는 것이 포인트. 셰이크한 다음 온더락 글라스에 장미 모양의 얼음을 담고 위에서 음료를 붓는다.

**마스터의 메모**
바 '네코마타야'를 운영하는 아라이 히로히토 바텐더가 감수한 아프로디테라는 리큐어를 사용해 만든 아라이 바텐더의 시그니처 칵테일입니다. 빛에 따라 색이 바뀌는 얼음꽃 연출로 입뿐만 아니라 눈으로도 즐길 수 있습니다.

# 감귤 마가리타

**감귤 소금이 포인트! 이렇게 마시기 편하다니!**

(강함) (산뜻함) (언제든)

**[재료]**
자체 제작 귤 테킬라 30ml /
쿠앵트로 15ml /
갓 짠 오시마산 레몬 주스 15ml /
스노우 스타일

**잔**에 스노우 스타일(잔 테두리에 소금이나 설탕을 묻히는 기법. '프로스트'라고도 한다-옮긴이)로 감귤 소금을 묻힌다. 감귤 테킬라, 쿠앵트로, 갓 짠 레몬 주스를 셰이크한 다음 감귤 소금을 묻힌 잔에 붓는다.

**마스터의 메모**
귤껍질을 건조한 다음 세토내해의 소금과 함께 블렌더로 갈아 감귤 소금을 만듭니다. 귤의 풍미를 느낄 수 있어 일반적인 테킬라보다도 훨씬 마시기 편합니다. 감귤 소금도 같이 즐겨주시면 좋겠습니다.

# 마스터 칵테일

> **마스터의 메모**
> 김렛은 일반적으로 드라이한 칵테일이라는 이미지가 있지요. 저는 제가 고기잡이 일을 했던 오시마의 라임을 사용한 갓 짜낸 주스, 조금 단 맛이 나는 다시마로 만든 시럽을 활용해 상큼한 맛으로 재탄생시켰습니다. 다시마의 감칠맛이 들어가 정말 맛있습니다.

## 오시마 김렛

`강함` `산뜻함` `언제든`

[재료]
자체 제작 감귤껍질 진 30ml /
갓 짠 오시마산 라임 주스 15ml /
오시마산 다시마 시럽 15ml

얼음을 담은 셰이커에 감귤껍질 진, 라임 주스, 다시마 시럽을 넣어 셰이크한 다음 잔에 따른다.

*감칠맛의 대명사, 다시마의 화려한 변신*

불쌍한 중생을 구원하소서

## 언포기븐

강함 | 맛없음 | 삶이 고달플 때

**[재료]**
압생트 60ml / 레몬 하트 151 15ml /
그레나딘 시럽 10ml

크러쉬드 아이스를 담은 잔에 압생트→
레몬 하트→그레나딘 시럽 순으로 넣
는다. 섞지 않고 그대로 손님에게 전달한다.

**마스터의 메모**
앞서 소개했듯이 아라이 바텐더가 포기븐이라
는 대단한 칵테일을 만들었는데요. 이와 반대로 저는
절대 용서받지 못할 칵테일을 만들었습니다. 아라이
바텐더에게 한 방 먹은 일에 대해 반성하며 만든 칵테
일입니다. 맛이 없을 수밖에 없는 조합으로 만들었기
때문에 가게 메뉴에는 싣지 않았습니다.

마스터 칵테일

> **마스터의 메모**
> 바 '네코마타야'의 아라이 바텐더가 고안한 레시피입니다. 블랙애더라는 스모키 위스키를 사용했습니다. 개성 강한 위스키를 이론과 기술로 극복했습니다. 분량이나 섞는 법도 완벽한 신의 하이볼입니다.

# 네코 하이볼

`보통`  `드라이함`  `언제든`

**[재료]**
블랙애더 30ml / 소다 60ml

**얼**음이 담긴 잔에 블랙애더, 소다를 넣어 가볍게 섞어준다.

완벽하게 균형 잡힌 맛! 신의 레시피

# 원 러브 잉글랜드

`약함` `달달함` `언제든`

[재료]
카시스 30ml / 칼피스 10ml /
그레나딘 시럽 10ml / 크랜베리 주스 60ml

**카**시스, 칼피스, 그레나딘 시럽, 크랜베리 주스를 셰이크한 다음 깔때기를 사용해 하트 모양 잔에 붓는다.

*영국 축구 대표팀을 응원하는 덕후의 칵테일*

**마스터의 메모**

'원 러브 잉글랜드'는 영국(잉글랜드) 축구 대표팀의 애칭입니다. 영국 대표팀의 유니폼에 들어간 빨간색은 카시스와 크랜베리 주스로, 하얀색은 칼피스로 표현했습니다. 셰이크해서 빨간색과 하얀색을 한데 섞어주고, 귀여운 하트 모양 잔에 담아 손님에게 제공합니다.

## 마스터 칵테일

### 마스터의 메모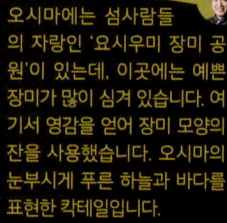

오시마에는 섬사람들의 자랑인 '요시우미 장미 공원'이 있는데, 이곳에는 예쁜 장미가 많이 심겨 있습니다. 여기서 영감을 얻어 장미 모양의 잔을 사용했습니다. 오시마의 눈부시게 푸른 하늘과 바다를 표현한 칵테일입니다.

## 쿠루시마 스카이

'파란 장미'가 이곳에

`보통`  `산뜻함`  `언제든`

**[재료]**
자체 제작 리몬첼로 20ml /
블루 큐라소 20ml / 다시마 시럽 5ml /
토닉워터 120ml

**리**몬첼로, 블루 큐라소, 다시마 시럽을 셰이크한 다음 장미 모양 잔에 담는다. 그 위로 천천히 토닉워터를 붓는다.

# 세계 2위의
# 진 토닉

신묘한 분량 조절 마법

보통 | 산뜻함 | 언제든

[재료]
고든 런던 드라이 진 30ml /
토닉워터 90ml / 탄산 30ml / 라임

라임에 칼집을 내주고 껍질이 아래를 향하게 쥔 채 얼음이 담긴 잔에 즙을 짜낸다. 진을 붓고 그 위에 토닉워터를 넣는다. 마지막에 탄산으로 잔을 채운다. 가볍게 바 스푼으로 얼음을 들어 올려 완성한다. 취향에 따라 앞서 즙을 짜낸 라임을 넣어도 좋다.

**마스터의 메모**

이 칵테일도 바 '네코마타야'의 아라이 바텐더가 직접 전수한 칵테일입니다. 토닉워터만 섞으면 달아지기만 해서, 탄산을 마지막에 추가해 청량감을 주었습니다. 진, 토닉워터, 탄산을 1:3:1로 넣는 비율도 엄청나게 연구되고 있는데, 아주 뛰어난 맛을 자랑하는 진 토닉입니다. '분량 조절만으로 이렇게 맛이 달라질 수 있구나!'라고 충격을 받았던 칵테일입니다.

마스터 칵테일

# 딸기와 마스카르포네 액체 질소 칵테일

액체 질소가 선물하는 마지막까지 맛있는 칵테일

보통  달달함  식후

[재료]
진 20ml / 자체 제작 딸기 시럽 15ml /
무농약 레몬 주스 5ml / 우유 30ml /
마스카르포네 치즈 30g / 딸기 6개

**진**. 딸기 시럽, 레몬 주스, 우유, 마스카르포네 치즈, 딸기를 블렌더로 갈아준다. 갈린 내용물에 액체 질소를 적당량 주입해 얼린다. 마지막에 예쁘게 장식한다.

마스터의 메모

바텐더 동료가 근무했던 가가와현 소재의 바 <Bar & Flair Recommend>가 있습니다. 이 바는 10년 넘게 액체 질소 칵테일을 만들고 있다 해서 견학을 간 적이 있습니다. 연출만이 목적이라고 생각했는데, 맛도 정말 좋아서 저희 가게에도 도입하게 되었습니다. 프로즌 스타일 칵테일과 달리 녹아도 맛이 싱거워지지 않기 때문에 마지막 한 방울까지 맛있게 즐길 수 있습니다.

> **마스터의 메모**
> 제가 키위를 좋아하는 탓에 키위를 맛있게 즐길 수 있는 칵테일을 만들고자 했습니다. 디저트 칵테일은 달콤한 종류가 많아 상큼한 디저트를 만들어보고 싶었습니다. 그래서 궁합이 좋은 키위와 자몽을 사용했지요. 과일만으로는 심심해서 시럽을 만들어 맛을 더했습니다.

**키위 맛이 살아 있는 칵테일**

# 키위와 자몽 액체 질소 칵테일

`보통`  `산뜻함`  `식후`

**[재료]**
보드카 20ml / 자체 제작 키위 시럽 10ml / 자체 제작 자몽 시럽 10ml / 쿠앵트로 5ml / 키위 1개 / 자몽 1/2개

키위의 3/4 정도를 남기고 잘라 속을 파낸 다음 그 안에 액체 질소를 흘려 넣어 얼린다. 보드카, 키위 시럽, 자몽 시럽, 쿠앵트로에 키위 1개, 자몽 1/2개를 으깨어 섞는다. 여기에 액체 질소를 흘려 넣어 얼린 후, 미리 준비해둔 키위 껍질 안에 넣어 완성한다.

마스터가 좋아하는 칵테일 TOP 10

### 10위 — 달콤한 크림 계열 최강자

## 쟈마이카 죠

`보통`  `달달함`  `식후`

[재료]
화이트 럼 20ml / 티아 마리아 20ml /
아드보카트 20ml / 그레나딘 시럽 1tsp

**화**이트 럼, 티아 마리아, 아드보카트를 얼음과 함께 셰이크한 다음 잔에 따른다. 마지막에 그레나딘 시럽을 바 스푼을 이용해 잔 아래에 깔아준다.

**마스터의 메모**

유튜브에서 럼 칵테일을 소개할 때 처음으로 직접 만들어보았던 칵테일입니다. 걸쭉한 크림 계열 칵테일은 대개 비슷한 느낌인데, 쟈마이카 죠는 독보적이었습니다. 영상 촬영 중인데도 계속 홀짝홀짝 마시게 될 정도로 푹 빠져버렸습니다. 달지만 묵직한 알코올도 느낄 수 있어서 정말 좋아합니다.

---

## 즈브로카 토닉

`보통`  `달달함`  `언제든`

[재료]
즈브로카 30ml / 토닉워터 적당량 / 레몬

**즈**브로카를 얼음이 담긴 잔에 넣는다. 토닉워터를 얼음에 닿지 않도록 주의하며 그 위로 붓고 가볍게 섞는다. 마지막에 레몬을 짜 넣는다.

### 9위 — 상상 이상의 맛있음

**마스터의 메모**

평소 진 토닉을 좋아해서, 막 바텐더가 되었을 적에 여러 가게의 진 토닉을 마시러 돌아다녔습니다. 어느 날 즈브로카라는 보드카가 있다는 이야기를 들었습니다. 소다를 섞으면 맛있다는 추천을 받아 마셨는데, 상상을 뛰어넘는 맛이었습니다. 즈브로카는 병으로 사도 저렴해서 돈이 없던 시절에 많이도 찾았었죠. (웃음)

**8위** '우울'을 날려버리는 레시피를 공개합니다

## 예거 밤

`보통` `달함` `언제든`

[재료]
예거마이스터 30ml / 레드불

**얼**음이 담긴 잔에 예거마이스터를 넣고 취향껏 레드불을 부어 가볍게 젓는다.

**마스터의 메모**

외국에서 향수병에 걸려 밤잠을 이루지 못할 때가 있었습니다. 어느 날 예거마이스터를 마시고는 잠을 청했는데, 다음 날 아침 정말 상쾌한 기분으로 일어났습니다. 그때부터 예거마이스터를 좋아하게 되었습니다. 귀국 후 때마침 레드불이 일본에 들어오기 시작했는데, 처음 레드불을 마셨을 땐 콜라를 처음 마셨을 때만큼의 충격을 받았습니다. 원래 예거마이스터는 맛있어서라기보다는 정신을 차리기 위해 마셨는데, 레드불과 섞어보니 너무 잘 맞아서 푹 빠져버렸습니다.

## 쏘코 라임 샷

`보통` `달함` `언제든`

[재료]
서던 컴포트 30ml / 라임 주스 15ml

**얼**음을 담은 셰이커에 서던 컴포트와 라임 주스를 넣는다. 셰이크한 다음 샷 잔에 따른다.

새콤달콤함 100%  **7위**

**마스터의 메모**

혈기 왕성하던 시절, 종종 테킬라 내기를 하곤 했는데요. 13잔의 테킬라 샷을 늘어놓고, 서로 양 끝부터 마시기 시작해 마지막에 정가운데 있는 80ml 테킬라를 마시는 사람이 이기는 게임이었습니다. 거의 제가 이겼더랬죠. 이러한 나날이 이어지며 테킬라에 질려갈 때쯤 쏘코 라임 샷을 알게 되었습니다. 샷은 달거나 알코올이 세거나 둘 중 하나라고만 생각했는데, 깜짝 놀랄 정도로 맛있었습니다. 테킬라 게임에 지친 제 마음을 달래준, 청춘의 맛이 나는 샷 칵테일입니다.

075

마스터가 좋아하는 칵테일 TOP 10

**6위** 케이크보다 맛있다?! 마시는 디저트 중 최고

## 뉴욕 치즈 케이크

( 약한 편 )  ( 달달함 )  ( 식후 )

[재료]
뉴욕 치즈 케이크 믹스 100g / 레몬 주스 1tsp / 크러쉬드 아이스 1/2cup / 참깨 맛 비스킷

【뉴욕 치즈 케이크 믹스 만드는 법】
버터 스카치 리큐어, 아마레토, 화이트 카카오 리큐어, 우유, 생크림, 크림치즈, 달걀노른자, 설탕, 레몬 주스, 비스킷을 모두 섞고 걸러내어 냉동 보관한다.

재료를 블렌더로 섞은 다음 딸기 파우더로 코팅한 셰리 글라스에 따른다. 참깨 맛 비스킷을 장식한다.

**마스터의 메모**
아시아 베스트 바 50을 몇 번이나 수상한 교토의 바 <BEE'S KNEES>에서 처음 마셨는데, 너무 맛있어서 기절할 뻔했습니다. 치즈 케이크를 예전부터 좋아했던지라 그저 맛있었습니다. 밀푀유 혹은 치즈 케이크와 비슷한 맛의 칵테일이 있긴 하지만, 이 칵테일은 뉴욕 치즈 케이크를 뛰어넘습니다.

## 키위 마티니

( 보통 )  ( 달달함 )  ( 언제든 )

[재료]
진 45ml / 쿠앵트로 1tsp / 시럽 1tsp / 키위 1/2개

키위를 으깨 셰이커에 넣고 얼음, 진, 쿠앵트로, 시럽과 함께 셰이크한다. 스트레이너로 내용물을 걸러내며 잔에 따른다. 마지막에 잘라낸 키위로 장식한다.

**5위** 진과 키위의 운명적 만남, 키위를 만끽하는 방법

**마스터의 메모**
키위 칵테일은 보드카로 만드는 경우가 많은데요. 언젠가 진 베이스로 만드는 가게에 갔을 때 맛본 칵테일이 키위 마티니였습니다. 진의 알코올과 키위의 단맛이 어우러져 '이게 칵테일이지!'라며 매료되었습니다. 다양한 키위가 존재하는 만큼 어떻게 제조하느냐에 따라 달콤한 정도, 부드러움에도 차이가 생깁니다. 여기서 바텐더의 실력을 엿볼 수 있습니다.

## 모히토

**4위** 단순하지만 깊이 있는 맛! 개성 표현의 장

`보통` `산뜻함` `언제든`

[재료]
화이트 럼 45ml / 소다 적당량 / 설탕 1tsp /
라임 1/2개 / 민트 적당량

**잔**에 라임을 먼저 짜내고 껍질째 넣는다. 여기에 민트와 설탕을 넣고 설탕을 녹이면서 민트를 으깬다. 크러쉬드 아이스를 넣은 다음 럼을 붓고 소다로 잔을 채워 섞는다. 민트 잎을 올려 장식하고 빨대를 꽂아 완성한다.

**마스터의 메모**

저는 원래 민트를 싫어해서 모히토도 '대체 누가 마시는 거야?'라고 생각했는데, 바에서 마시고는 충격에 휩싸였습니다. 모히토는 럼 종류나 설탕을 어떻게 바꾸느냐에 따라 맛이 확확 바뀌기 때문에 그만큼 깊이가 느껴집니다. 바텐더의 개성이 드러나기도 해서 바에 가면 꼭 마시는 칵테일이기도 합니다. 저는 거나하게 취했을 때 정신 차릴 용도로 마십니다. (웃음)

## 에스프레소 마티니

`보통` `달콤쌉쌀함` `식후`

[재료]
보드카 20ml / 칼루아 20ml / 에스프레소 20ml /
설탕 1tsp

**보**드카, 칼루아, 에스프레소, 설탕을 셰이크한 다음 잔에 따른다. 마지막에 커피 콩을 띄운다.

**3위** 커피가 안 맞는 당신을 위한 칵테일

**마스터의 메모**

사실 저는 커피가 안 맞아서 커피를 마시는 사람들은 다 꾹 참고 마신다고 생각했습니다. (웃음) 그 정도로 커피 맛을 전혀 몰랐는데, 에스프레소 마티니를 마시고 나서 커피에 대한 생각이 바뀌었습니다. 이렇게 맛있는 칵테일이 있었다니! 그날 이후부터 커피를 마실 수 있게 되었는데, 정말 감사한 일이지요. 이 칵테일은 에스프레소에 따라 맛이 달라지기 때문에 여러 바를 돌면서 마셔보고 있습니다.

마스터가 좋아하는 칵테일 TOP 10

**2위** 트로피컬 칵테일의 왕

## 시크릿 러브

( 보통 )  ( 달달함 )  ( 식후 )

[재료]
화이트 럼 30ml / 바나나 리큐어 30ml / 미도리 30ml / 파인애플 주스 30ml / 칼피스 10ml / 레드 체리·그린 체리·바나나·꽃 등

셰이커에 얼음과 화이트 럼, 바나나 리큐어, 미도리, 파인애플 주스, 칼피스를 넣고 셰이크한다. 크러쉬드 아이스를 담은 잔에 내용물을 붓고 장식을 올린다.

**마스터의 메모**

1983년 산토리에서 주최한 트로피컬 칵테일 콘테스트에서 우승한 칵테일입니다. 원래 마실 기회가 없었는데, 유튜브에서 럼 칵테일 편을 기획하며 직접 만들어 마셔보게 되었습니다. 눈이 번쩍 뜨이는 맛이었습니다. 저는 어린이 입맛이라 달콤한 술을 좋아해서 취향 저격이었습니다. 손님에게도 추천하기 좋아 바텐더로서 많이 의지하는 칵테일입니다. (웃음)

## 코스모폴리탄

( 보통 )  ( 달고 드라이함 )  ( 언제든 )

[재료]
보드카 30ml / 쿠앵트로 10ml / 크랜베리 주스 10ml / 라임 주스 10ml

보드카, 쿠앵트로, 크랜베리 주스, 라임 주스를 얼음과 함께 셰이커에 넣어 셰이크한 다음 잔에 붓는다.

**마스터의 메모**

예전에는 도수가 높은 술을 마시지 못했는데요. 매번 진 토닉이나 카시스 오렌지를 마시다 보니, 마티니 잔에 담긴 칵테일도 마셔보고 싶어졌습니다. 그때 바텐더가 추천한 칵테일이 코스모폴리탄이었습니다. 처음 마시고는 '이렇게 맛있는 칵테일도 있구나'라고 감탄했습니다. 바텐더에 따라 사용하는 보드카가 달라서 다양한 차이도 즐길 수 있습니다. 칵테일의 재미를 알려준 칵테일로 어느 바를 가도 꼭 마시곤 합니다.

**1위** 세상에서 가장 마시기 편한 칵테일

Chapter 3

# 1분도 안 걸리는
# 초간단 빌드 칵테일

빌드 칵테일은 재료를 직접 잔에 따라 잔 속에서 만드는 칵테일입니다.
이 장에서는 비교적 초심자도 만들기 쉬운 칵테일을 소개합니다.

빌드 칵테일 / 진 베이스

**기본 중의 기본! 라임은 언제 짜는 거지?**

## 진 토닉

보통　산뜻함　언제든

[재료]
진 30ml / 토닉워터 120ml / 라임

라임의 과육 부분에 칼집을 내어 잔에 짜 냅니다. 그 잔에 얼음, 진을 넣고 토닉워터를 얼음에 닿지 않게 부어준다. 가볍게 1회 반 정도 섞는다. 즙을 짜낸 라임은 그대로 넣어도 되고, 껍질만 넣어도 된다.

> **마스터의 메모**
> 진 토닉은 일본에서 가장 많이 마시는 칵테일입니다. 식사 중에 마시는 경우, 라임을 먼저 짜내주세요. 맛의 균형이 잘 맞습니다. 반대로 식후 입가심용이라면, 라임의 자극적인 맛을 먼저 맛볼 수 있게 즙을 마지막에 짜내도 좋습니다.

## 진 벅

보통　산뜻함　언제든

[재료]
진 30ml / 진저에일 120ml / 레몬

레몬의 과육 부분에 칼집을 내어 잔에 짜 낸다. 그 잔에 얼음을 담은 후 진을 넣고 진저에일을 얼음에 닿지 않게 부어준다. 1회 반 정도만 섞어준다.

> **마스터의 메모**
> 실패 없는 진과 진저에일의 조합입니다. 진 토닉과 마찬가지로, 일본인에게 사랑받는 칵테일입니다. 진저에일을 사용한 칵테일로는 모스코 뮬을 손에 꼽지만, 진의 향을 좋아하는 분에게는 진 벅을 추천합니다.

**진의 향을 음미하고 싶다면**

상쾌함 MAX 여름엔 이거 한 잔이면 끝

## 진 리키

보통   매우 산뜻함   언제든

[재료]
진 45ml / 라임 1/2개 / 소다 120ml

라임을 반으로 자른 다음 바 스푼으로 과육 부분에 구멍을 만든다. 스퀴저로 가볍게 즙을 내고 껍질째로 넣는다. 여기에 얼음을 담고 진→소다 순으로 부어 가볍게 섞는다.

**마스터의 메모**

진 리키는 '손님이 만드는 칵테일'이라고도 합니다. 라임을 짜는 방식에 따라 맛을 조절할 수 있기 때문입니다. 저는 라임을 쫙 짜내는 편입니다. 목 넘김이 좋고 깔끔해서 중간에 쉬고 싶을 때 마시기 좋은 칵테일입니다. 상쾌한 맛의 칵테일이라 식후에 마시길 추천하지만, 여름에 청량감을 맛보기 위해서라면 첫 잔부터도 좋습니다.

## 진 라임

강함   드라이함   식후

[재료]
진 45ml / 라임 15ml

얼음을 담은 잔에 진→라임 순으로 넣고 가볍게 젓는다.

**마스터의 메모**

온더락 진에 짜낸 라임즙을 넣었을 뿐이라서 술이 익숙한 분이 아니라면 마시기 힘들 수도 있습니다. 자체적으로 라임 시럽을 만드는 가게도 있지만, 저렴한 가격대의 바에서는 시판되는 달콤한 라임 시럽을 사용하기도 합니다. 달콤한 시럽으로 만든 것이라면 "음~" 하는 반응이 나올지도 모르겠네요.

가게의 스타일을 알고 싶다면

빌드 칵테일 / 진 베이스

'사랑의 모든 것'을 알려줄게

## 네그로니

`강함` `드라이함` `식전`

[재료]
진 30ml / 캄파리 30ml / 스위트 베르무트 30ml / 오렌지 슬라이스

**잔**에 얼음을 담은 다음 술(진·캄파리·스위트 베르무트)은 강조하고 싶은 순서로 넣어 완전히 섞어준다. 마지막에 오렌지 슬라이스를 넣는다.

**마스터의 메모**

캄파리는 식욕 촉진 효과가 있어 이탈리아에서는 보통 식전주로 마십니다. 네그로니는 **강조하고 싶은 순서로 술을 넣는 것이 포인트**입니다. 예를 들어, 진→스위트 베르무트→캄파리 순으로 넣으면 진의 향을 가장 먼저 느낄 수 있습니다. 여기서는 빌드 기법으로 분류했지만, 스터 기법으로도 많이 만드는 칵테일입니다.

---

## 진 앤 잇

`강함` `달고 드라이함` `식후`

[재료]
진 30ml / 스위트 베르무트 30ml

**잔**과 스위트 베르무트를 넣는다. 스터하지 않고 잔 안에서 섞어 마시는 것이 올드 스타일.

입안 가득 밀려드는 달콤함

**마스터의 메모**

마티니의 원형이라 알려진 칵테일입니다. 제빙기가 없던 시대에 만들어진 칵테일이라 얼음이 들어가지 않습니다. 당시 진은 설탕이 들어가 있어 단맛이 났다고 합니다. 그래서 스위트 베르무트와 섞으면 상당히 달았다고 하네요. 옛 스타일로 만들고 싶다면, 올드 톰 진을 사용해보세요.

최강의 바다감, 여기서 영접하라!

## 걸프 브리즈

 보통　 산뜻함　 언제든

[재료]
진 40ml / 크랜베리 주스 60ml / 자몽 주스 60ml / 레몬

얼음을 담은 잔에 진을 넣고, 크랜베리 주스와 자몽 주스를 부은 다음 휘저어준다. 마지막에 레몬을 넣는다.

**마스터의 메모**

브리즈 계열의 칵테일입니다. 보드카 베이스의 시 브리즈가 대표적입니다. 베이스가 진으로 바뀌면 걸프 브리즈가 됩니다. 자몽 주스만 넣으면 상큼한 맛이 강해지고, 크랜베리 주스만 넣으면 너무 달아지는데, 이 둘을 함께 넣으면 서로의 결점을 보완해 아주 잘 어우러집니다.

## 도그스 노즈

 보통　 진하고 씁쓸함　 언제든

[재료]
진 45ml / 흑맥주 적당량

잔에 진을 따르고 그 위에 흑맥주를 붓는다(좋아하는 다른 맥주여도 OK). 바 스푼으로 아래서 위로 올리는 정도로 가볍게 섞는다.

흑맥주의 맛을 극대화하는 진의 풍미

**마스터의 메모**

맥주만으로는 그다지 알코올을 느낄 수 없지만, 진을 넣으면 술 느낌이 확 삽니다. 흑맥주와 진은 의외로 참 잘 어울립니다. 흑맥주의 맛이 조금 더 돋보이는 느낌이라 저는 꽤 좋아합니다.

빌드 칵테일 / 진 베이스

진과 오렌지 주스 사이의 돌연변이

## 닌자 터틀

보통   산뜻함   언제든

[재료]
진 45ml / 블루 큐라소 15ml / 오렌지 주스 120ml

**진**, 오렌지 주스, 블루 큐라소를 얼음이 담긴 잔에 넣고 휘저어준다.

**마스터의 메모**

플레어 바텐딩 대회에서 자주 과제로 출제되는 칵테일입니다. 기본 중의 기본인 진과 오렌지 주스 조합에 블루 큐라소를 넣어 초록색을 연출합니다. 이 초록색 때문에 터틀(거북이)이라는 이름이 붙었습니다.

---

## 블러디 샘

보통   드라이함   언제든

[재료]
진 45ml / 토마토 주스 120ml / 레몬 1tsp

**얼**음이 담긴 잔에 진을 넣고, 토마토 주스를 부어 휘젓는다.

**마스터의 메모**

'먹는 칵테일'이라고 불리는 블러디 메리의 파생형입니다. 타바스코나 리페린 소스를 넣거나, 후추나 셀러리 등을 넣기도 합니다. 직접 토마토 주스를 만들어 넣을 때는 토마토 맛이 균일하지 않은 점에 주의해야 합니다. 조개 육수가 들어간 클라마토라는 토마토 주스를 사용하면 더욱 맛있어집니다.

토마토의 깊은 맛을 느끼고 싶다면

## 그레이하운드

`보통` `산뜻함` `언제든`

[재료]
보드카 45ml / 자몽 주스 120ml

얼음이 담긴 잔에 보드카를 넣는다. 이어 자몽 주스를 따른 다음 가볍게 섞는다.

**마스터의 메모**

'불독'이라고도 하는 그레이하운드는 자몽 주스의 맛이 전부이기 때문에 생즙을 내느냐, 시판용 주스를 넣느냐에 따라 차이가 생깁니다. 술이 약한 분들도 마시기 좋은 칵테일이므로 칵테일 초심자가 처음 바에 갔을 때 시도하기 좋습니다.

*칵테일이 처음이라면 딱!*

## 솔티 도그

`보통` `산뜻함` `언제든`

[재료]
보드카 45ml / 자몽 주스 120ml / 스노우 스타일

스노우 스타일로 잔 테두리에 소금을 묻힌 다음 잔에 얼음을 담는다. 보드카, 자몽 주스를 넣고 가볍게 휘젓는다.

**마스터의 메모**

원래 뱃사람을 의미하는 영국 슬랭으로, 뱃사람이 땀범벅, 소금 범벅이 되어 일하던 모습에서 유래했다고 합니다. 이러한 배경을 고려하면 소금을 예쁘게 두르기보다는 투박하게 묻히는 편이 잘 어울릴 것 같네요. 어떤 소금을 사용할지는 바텐더 나름인데, 저는 세토내해에서 채취한 소금을 제 방식대로 조합해 사용하고 있습니다.

*이름에 충실하려면 '소금은 투박하게'*

085

빌드 칵테일 / 보드카 베이스

'말동무'를 찾고 있나요?

## 갓 마더

 강함  달달함  식후

[재료]
보드카 45ml / 아마레토 15ml

보 드카, 아마레토를 얼음이 담긴 온더락 글라스에 넣고 잘 섞어준다.

**마스터의 메모**
이름에서 알 수 있듯이 갓 파더의 파생 칵테일입니다. 보드카를 온더락으로는 마시기 힘든 분들을 위해 아마레토의 단맛을 가미했습니다. 식후에 술을 홀짝이며 여유롭게 이야기 나누고 싶을 때 추천하는 칵테일입니다.

## 스크루드라이버

 보통  산뜻함  언제든

[재료]
보드카 45ml / 오렌지 주스 120ml / 오렌지 슬라이스

롱 글라스에 얼음을 담고, 보드카와 오렌지 주스를 넣어 가볍게 섞는다. 슬라이스한 오렌지를 넣어 완성한다.

오렌지 주스의 '매력'을 알고 싶다면

**마스터의 메모**
1940년대에 이란의 유전에서 일하던 미국 인부가 갈증을 달래기 위해 만들었던 칵테일이라고 알려져 있습니다. 공구인 스크루드라이버를 써서 술을 섞던 것에서 이름이 유래했다고 하네요.

속을 확 뚫어주는 홧술로 어떤가요?

## 하베이 월 뱅거

`약간 강함`  `산뜻함`  `언제든`

[재료]
보드카 45ml / 오렌지 주스 120ml / 갈리아노 1tsp

얼 음이 담긴 잔에 보드카, 오렌지 주스를 넣고 갈리아노 1tsp을 추가해 가볍게 섞는다.

**마스터의 메모**

대회에서 지고 홧김에 칵테일을 마시다 만취한 서퍼가 문을 쿵쿵 두드렸던 일에서 '월 뱅거'라는 이름이 유래했다고 합니다. 갈리아노는 간단히 말하자면 아니스와 허브 리큐어입니다. 갈리아노를 넣음으로써 스크루드라이버와는 또 다른 맛을 즐길 수 있습니다.

## 케이프 코더

`보통`  `산뜻함`  `언제든`

[재료]
보드카 45ml / 크랜베리 주스 120ml

 보 드카와 크랜베리 주스를 얼음이 담긴 잔에 넣고 가볍게 섞는다.

**마스터의 메모**

케이프 코더는 미국에서 엄청나게 유행했던 칵테일입니다. 식당 메뉴에 빠지지 않고 꼭 있을 정도로 대중적인 칵테일로, 솔티 도그보다도 친숙합니다. 다만, 남자 손님의 주문은 없다시피 하고, 거의 여자 손님이 주문한다고 하네요. 칵테일의 이름은 원산지인 미국의 매사추세츠주의 케이프 코더에서 유래했습니다.

해변가 마을의 애환이 녹아 있는 칵테일

빌드 칵테일 / 보드카 베이스

저녁 식사를 마무리 짓는 검은 걸작

## 블랙 러시안

강함 | 달달함 | 식후

[재료]
보드카 40ml / 커피 리큐어 20ml

얼 음이 담긴 잔에 보드카, 커피 리큐어를 넣고 잘 휘젓는다.

**마스터의 메모**

보드카만 마시면 혀가 얼얼하고 커피 리큐어만 마시면 달기만 한데, 그런 둘이 합쳐져 절묘한 균형을 이룹니다. 커피 리큐어는 물과 만나면 맛이 연해지지만, 보드카와 만나면 알코올 도수는 유지하면서 단맛은 눌러줘 딱 좋은 정도가 됩니다. 어떤 커피 리큐어를 쓰느냐로 바텐더의 실력을 가늠할 수 있습니다.

---

## 화이트 러시안

보통 | 매우 달콤함 | 식후

[재료]
보드카 40ml / 커피 리큐어 20ml / 생크림 20ml

보 드카, 커피 리큐어를 얼음이 담긴 잔에 넣고 잘 휘저어 섞는다. 마지막에 생크림을 넣어준다. 에스푸마 기법을 활용해 액체를 굳혀 휘핑크림처럼 올리기도 한다.

**마스터의 메모**

원래는 음료를 모두 섞어서 손님에게 내는 것이 맞지만, 하얀색과 검은색이 뒤섞인 모습이 보기에 예쁘지 않으므로 일단 층이 나뉜 채로 제공해 눈으로 즐길 수 있도록 합니다. 눈으로 즐긴 다음 취향에 맞게 섞어서 마셔주세요. 입안에서 섞는다는 느낌으로 섞지 않고 그대로 마셔도 좋습니다.

흑백의 조화는 취향껏

## 블러디 메리

보통 · 드라이함 · 언제든

[재료]
보드카 45ml / 레몬 주스 5ml / 토마토 주스 120ml

잔에 얼음, 보드카, 레몬 주스(생즙), 토마토 주스를 넣고 휘젓는다. 취향에 따라 타바스코나 셀러리 등을 넣어준다.

**마스터의 메모**

영국 여왕 메리 1세가 프로테스탄트 신도들을 무자비하게 처형해 '블러디 메리'라고 불렸는데, 그 별명에서 유래한 칵테일입니다. 블러디 샘과 마찬가지로 타바스코, 후추 등을 손님의 기호에 맞게 추가합니다. 이름의 유래를 의식해 도수가 높은 보드카를 써 취하기 위한 칵테일로 마시기도 합니다.

무자비한 여왕에 취해보자

## 모스코 뮬

보통 · 산뜻함 · 언제든

[재료]
보드카 45ml / 라임 주스 15ml / 진저비어 120ml / 라임

구리로 만든 머그잔에 얼음을 담고, 보드카, 진저비어, 라임 주스(혹은 생즙)를 넣어 잘 젓는다.

**마스터의 메모**

구리 머그잔을 사용하는 데에는 많은 설이 있습니다. 가장 유명한 설이 보드카를 팔고 싶었던 상인, 진저비어를 팔고 싶었던 바텐더, 구리 머그잔을 팔고 싶었던 상인, 이렇게 셋이 술집에서 만나 각각의 제품을 팔기 위해 고안한 칵테일이라는 이야기입니다. 일반적인 술집에서는 글라스 잔에 담아주겠지만, 구리 머그잔에 담는 것이 정석 스타일입니다.

정석은 '구리 머그잔'

빌드 칵테일 / 럼 베이스

자유를 영원히 축복하라

## 쿠바 리브레

( 보통 )  ( 달달함 )  ( 언제든 )

[재료]
화이트 럼 45ml / 라임 주스 10ml / 콜라 120ml / 자른 라임

럼, 라임 주스, 콜라를 얼음이 담긴 잔에 넣고 가볍게 섞는다. 마지막에 라임즙을 짜 넣는다. ※진 토닉과 마찬가지로 라임을 먼저 넣기도 한다.

**마스터의 메모**

제2차 쿠바 독립 전쟁의 표어 'Viva Cuba Libre'와 관련된 칵테일입니다. 자유를 축하하는 의미로 '리브레'라는 말을 사용합니다. 하바나 클럽 7년이라는 다크 럼을 사용하면 정말 맛있습니다. 참고로 라임즙이 아니라 레몬즙을 넣으면 럼 콕이 됩니다.

---

## 럼 앤 파인

( 보통 )  ( 달달함 )  ( 식후 )

[재료]
화이트 럼 45ml / 파인애플 주스 120ml / 자른(혹은 건조한) 파인애플 / 민트 체리 절임

얼음이 담긴 잔에 럼과 파인애플 주스를 넣고 섞는다. 마지막에 자른 파인애플, 민트 체리를 더해 완성한다.

**마스터의 메모**

럼은 쿠바, 자메이카, 푸에르토리코 등 열대 지방에서 만들어지는 증류주입니다. 마시면 기분 좋아지는 술이지요. 럼에 파인애플을 섞으면 열대의 느낌을 즐길 수 있습니다. 트로피컬 스타일 칵테일을 손쉽게 맛보고 싶을 때는 럼 앤 파인이 제일입니다. 파인애플과 럼은 궁합도 정말 좋습니다.

트로피컬 세상으로 초대합니다

## 트로피컬 골드

보통　달달함　식후

[재료]
화이트 럼 45ml / 크렘 드 바나나 15ml / 오렌지 주스 120ml

**럼**과 크렘 드 바나나를 얼음이 담긴 잔에 넣고 하나의 음료가 되도록 잘 섞는다. 여기에 오렌지 주스를 넣고 가볍게 젓는다. 이렇게 하면 얼음이 잘 녹지 않고, 두 가지 맛이 조화롭게 섞인다.

**마스터의 메모**

럼 앤 파인보다도 훨씬 단 칵테일을 원하는 분들에게 추천합니다. 럼과 오렌지 주스라면 산미가 강해지지만, 럼과 바나나는 합이 좋아 **적당히 맛있게 달아집니다**. 정말 마시기 좋은 칵테일이죠.

## 라운지 리자드

보통　엄청 달콤함　식후

[재료]
다크 럼 45ml / 아마레토 15ml / 콜라 120ml

**얼**음을 담은 잔에 럼, 아마레토를 넣어 제대로 섞는다. 여기에 콜라를 천천히 부어 가볍게 젓는다.

**마스터의 메모**

럼과 아마레토는 상성이 좋아서 이 둘을 섞으면 정말 달콤한 칵테일이 됩니다. 아마레토와 콜라를 섞어 만든 아마레토 콕도 맛있긴 하지만 칵테일치고는 알코올이 약합니다. 그래서 럼을 섞어 알코올 도수는 높이고, 맛의 깊이를 더했습니다.

럼으로 더 강하게, 깊게, 달게!

빌드 칵테일 / 럼 베이스

럼 애호가의 종착지

## 보그 포크

 보통　 산뜻함　 언제든

[재료]
화이트 럼 45ml / 크랜베리 주스 60ml / 오렌지 주스 60ml

얼음이 담긴 잔에 럼, 크랜베리 주스, 오렌지 주스를 넣고 가볍게 젓는다.

**마스터의 메모**
크랜베리 주스와 오렌지 주스가 들어가서 술이 익숙하지 않은 분도 마시기 쉽습니다. 크랜베리와 오렌지가 럼의 맛을 해치지 않기 때문에, 럼을 좋아하는 사람이 럼의 맛을 최고로 즐길 수 있는 칵테일입니다.

## 윈드워드 아일랜드

 보통　 달달함　 언제든

[재료]
골드 럼 45ml / 티아 마리아 15ml / 콜라 120ml

골드 럼과 티아 마리아를 제대로 섞어준다. 여기에 콜라를 부어 가볍게 젓는다. 마지막에 라임을 넣어도 좋다.

럼과 콜라의 달콤쌉쌀한 만남

**마스터의 메모**
술통에서 숙성한 골드 럼과 콜드 브루 커피 리큐어인 티아 마리아를 사용합니다. 럼이 들어가면서 칼루아 콕보다 맛이 깊고 알코올 도수가 높은 칵테일로 거듭납니다. 대부분의 손님들이 이 칵테일을 모르는데, 럼 콕과 단맛 나는 칵테일을 좋아하는 손님에게 추천하곤 합니다.

레몬과 꿀로 원기 충전

## 칸찬차라

보통  달달함  식후

[재료]
골드 럼 45ml / 레몬 주스 15ml / 꿀 15ml

**잔**에 럼, 레몬 주스, 꿀을 넣고 저어준다.

마스터의 메모

쿠바 트리니다드에 있는 '라칸찬차라'라는 식당에서만 파는 칵테일입니다. 트리니다드는 독립 전쟁의 격전지로, 이곳에서 병사가 레몬과 꿀을 넣은 칸찬차라를 마시고 원기를 회복했다는 이야기가 있습니다. ※원래 도자기잔에 담지만, 내용물의 투명함을 볼 수 있도록 유리잔에 담아 촬영했습니다.

## 블랙 로즈

강함  달달함  식후

[재료]
골드 럼(혹은 다크 럼) 45ml / 냉커피 45ml /
커피 시럽 1tsp

**얼**음이 담긴 잔에 럼과 냉커피를 넣어 제대로 섞는다. 마지막에 커피 시럽을 1tsp 첨가한다.

아는 사람은 아는 '맛의 극치'

마스터의 메모

화이트 럼을 온더락으로 마시는 사람은 없지만, 골드 럼은 숙성을 거쳤기 때문에 온더락으로 마실 수 있습니다. 여기에 커피 시럽을 1tsp 첨가하면 골드 럼의 풍미가 더욱 깊어집니다. 골드 럼을 제대로 음미할 수 있는 칵테일인데, 지금까지 주문한 손님은 없네요. (웃음)

빌드 칵테일 / 럼 베이스

'다 같이 즐길 수 있는' 최고의 음료

## 솔 쿠바노

( 보통 )  ( 산뜻함 )  ( 언제든 )

[재료]
화이트 럼 30ml / 자몽 주스 60ml / 토닉워터 90ml

**럼** 과 자몽 주스를 얼음이 담긴 잔에 넣고 제대로 섞는다. 여기에 천천히 토닉워터를 채워 가볍게 젓는다.

**마스터의 메모**

자몽 주스와 토닉워터의 조합은 실패가 없는 황금 레시피입니다. 포인트는 럼과 자몽 주스를 넣고 먼저 한 번 섞어주고 나서 토닉워터를 넣는 것입니다. 불호가 없는 칵테일이라 가게에서도 많은 손님이 찾습니다. 덧붙여 베이스를 보드카로 바꾸면 보드카 쿠바노가 되는데, 솔 쿠바노보다 마시기 편합니다.

---

## 핫 버터드 럼

( 보통 )  ( 달달함 )  ( 자기 전 )

[재료]
다크 럼 30ml / 각설탕 1개 / 버터 1덩이 / 뜨거운 물 120ml

**럼** 과 각설탕을 넣은 잔에 뜨거운 물을 붓고 잘 섞는다. 마지막에 버터를 넣는다.

겨울밤 잠자리 친구

**마스터의 메모**

버터를 넣은 다음에 섞어도 되지만, 가만히 두어 자연스럽게 녹이기도 합니다. 저는 후자 쪽입니다. 가볍게 섞기만 해 버터가 입안에서 퍼지는 느낌을 즐기는 편입니다. 계피를 넣고 섞으면 향도 즐길 수 있습니다. 엄청 맛있는 나머지 긴장이 탁 풀리는 맛입니다. 추운 겨울날 자기 전에 마시면 잠이 솔솔 옵니다.

악마의 유혹

## 엘 디아블로

`보통`　`달고 산뜻함`　`언제든`

[재료]
테킬라 30ml / 카시스 15ml / 라임 주스 10ml / 자른 라임 / 진저에일 120ml

얼음이 담긴 잔에 테킬라, 카시스, 라임 주스를 넣고 제대로 섞는다. 여기에 천천히 진저에일을 붓고 가볍게 1회 반 정도 젓는다. 라임은 마지막에 즙을 짜 넣는다.

**마스터의 메모**

테킬라 벅이 부담스러운 사람이라도 카시스를 넣어 단맛이 추가된 엘 디아블로는 마시기 편할 것입니다. 단맛이 싫은 분은 마지막에 라임 즙을 추가하길 추천합니다. 달고 산뜻한 맛으로 변해 입맛에 맞을 것입니다. '디아블로=악마'라는 이름이 붙은 것처럼 **강렬한 색깔이 특징**입니다.

## 테킬라 선라이즈

`보통`　`약간 달콤함`　`언제든`

[재료]
테킬라 45ml / 오렌지 주스 120ml / 그레나딘 시럽 2tsp / 자른 오렌지

잔에 얼음을 담고, 테킬라와 오렌지 주스를 넣어 제대로 섞는다. 마지막에 바 스푼을 따라 그레나딘 시럽을 흘려 넣는다. 오렌지로 장식하고 빨대를 꽂아 완성한다.

**마스터의 메모**

마가리타와 함께 대표적인 테킬라 베이스 칵테일입니다. 롤링 스톤즈의 믹 재거가 자주 즐겼다는 칵테일로 그의 팬들을 통해 유명해졌습니다. 예쁜 오렌지색은 멕시코의 햇살이 떠오르게 하네요.

굿모닝, 멕시코

빌드 칵테일 / 테킬라 베이스

달콤하고 끈질기고 강렬하다

## 브레이브 불

 약간 강함    약간 달콤함    식후

[재료]
테킬라 40ml / 커피 리큐어 20ml

얼음이 담긴 잔에 테킬라와 커피 리큐어를 넣고 확실히 젓는다.

**마스터의 메모**
보드카와 칼루아(커피 리큐어)만으로 부족한 분은 꼭 마셔보라고 권하는 칵테일입니다. 테킬라의 맛을 충분히 음미할 수 있습니다. 그런데 찾는 분을 별로 본 적이 없네요. (웃음) 갓 마더 같은 느낌을 좋아하는 분에게는 약간의 변형을 준 칵테일이라고 추천하기도 합니다.

## TVR

 약간 강함    달달함   언제든

[재료]
테킬라 20ml / 보드카 20ml / 레드불 1캔

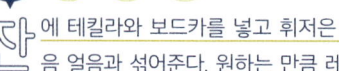

잔에 테킬라와 보드카를 넣고 휘저은 다음 얼음과 섞어준다. 원하는 만큼 레드불을 붓고 가볍게 젓는다.

알딸딸 급행열차

**마스터의 메모**
테킬라, 보드카, 레드불의 앞 글자와 프랑스의 노면 전차 TVR을 연관 지어 이름을 붙였다고 합니다. 테킬라와 보드카가 모두 들어갔기 때문에 '빠르게 취할 수 있습니다'. 격식 있는 바에서는 제공하지 않는 칵테일이므로 집에서 마구 섞어서 즐겨보세요. 술의 농도는 남은 레드불로 조절합니다.

테킬라가 처음인 분을 위한

## 티후아나 스크루

( 보통 ) ( 산뜻함 ) ( 언제든 )

[재료]
테킬라 40ml / 자몽 주스 60ml / 오렌지 주스 60ml

**얼**음이 담긴 잔에 테킬라, 자몽 주스, 오렌지 주스를 넣고 가볍게 젓는다.

**마스터의 메모**

주문이 거의 없는 칵테일이지만, 자몽 주스와 오렌지 주스를 섞은 칵테일이라 누구든 편하게 마실 수 있습니다. 테킬라를 처음 접하는 분의 첫 테킬라 칵테일로 적절합니다. 테킬라 선라이즈를 좋아하는 분에게도 추천하고 싶네요.

## 테킬라 하이랜더

( 강함 ) ( 약간 달콤함 ) ( 식후 )

[재료]
골드 테킬라 40ml / 드람부이 20ml

**잔**에 얼음을 담고 테킬라와 드람부이를 넣어 잘 저어준다.

술을 사랑하는 당신이라면

**마스터의 메모**

드람부이는 블렌딩한 하이랜드 몰트 위스키에 허브와 향신료를 넣어 만든 리큐어입니다. 테킬라 하이랜더는 이러한 드람부이와 테킬라를 섞어 만든 탓에 매우 복잡한 맛이 나며 애주가들이 좋아하는 칵테일입니다.

빌드
칵테일 / 테킬라 베이스

테킬라 토닉의 줄임말

# 테코닉

보통  산뜻함  언제든

[재료]
테킬라 45ml / 토닉워터 120ml / 자른 라임

얼음이 담긴 잔에 테킬라를 넣고 얼음에 닿지 않게 토닉워터를 붓는다. 1회 반 정도로만 가볍게 섞는다. 마지막에 라임즙을 짜 넣는다.

### 마스터의 메모

진 토닉은 라임을 먼저 넣지만, 테코닉은 마지막에 라임즙을 짜 넣어 테킬라의 향을 눌러 줍니다. 그러면 첫 모금이 아주 좋아집니다. 테킬라와 토닉워터만 들어가면 알코올 향이 세서 마시기 힘들다는 사람도 있어서 마지막에 라임즙을 내는 것이 포인트입니다. 이름이 테킬라 토닉이 아니라 테코닉인 것도 좋네요.

## 마스터의 혼잣말

### 사람에 따라 정답도 제각각

요리는 조리법에 따라 분량을 정확하게 지켜야 그럭저럭 맛있는 음식을 만들 수 있습니다. 반대로 말하면 조리법을 따르지 않으면 실패로 이어질 가능성이 높다고 할 수 있겠네요.

그에 비해 칵테일은 꼭 레시피를 따를 필요가 없습니다. 아무리 유명한 칵테일이라고 해도 자기가 조금 더 달게 먹고 싶다면 단맛을 더하고, 탄산을 더 원한다면 소다를 많이 넣어도 괜찮습니다. 자기 방식대로 변형을 주어도 자기 입에 맛있기만 하면 그것이 정답입니다.

가게에서도 평소 손님의 주문이나 반응을 바탕으로 취향을 파악해 살짝 변형을 주기도 합니다. "대회에서 상을 받은 칵테일이 마시고 싶어요"라는 주문이 들어왔을 때를 예로 들어볼까요. 이 칵테일은 아주 단데, 주문한 손님은 단맛을 그다지 좋아하지 않는다고 느꼈었다면 "원래 레시피대로 하면 단맛이 강한데, 제가 볼 때 손님께서는 단맛을 안 좋아하시는 것 같더라고요. 혹시 괜찮으시다면 살짝 변형해서 만들어도 될까요?"라고 제안합니다. 그럼에도 원래 레시피대로 만드는 것이 좋다고 하면 그대로 만들고, "살짝 변형해서 부탁해요"라고 하면 그 손님 입맛에 맞도록 변형을 줍니다. 이렇듯 사람에 따라 정답도 제각각입니다.

앗, 더 상큼해져버렸네...

## 테킬라 선스트로크

`보통` `산뜻함` `언제든`

[재료]
테킬라 30ml / 자몽 주스 60ml / 쿠앵트로 1tsp

더락 글라스에 얼음을 담고 테킬라, 자몽 주스를 넣어 확실히 섞어준다. 여기에 바 스푼을 따라 쿠앵트로를 흘려 넣는다. 마지막에 장식을 올린다.

**마스터의 메모**

테킬라와 자몽, 쿠앵트로는 궁합이 정말 좋아서, 이렇게 조합하면 아주 마시기 좋은 칵테일이 됩니다. 테킬라 선라이즈를 트위스트해서 오렌지 주스를 자몽 주스로, 그레나딘을 쿠앵트로 바꾼 레시피입니다. 테킬라 선라이즈보다도 산뜻합니다.

## 코로나 슬램

`강함` `산뜻함` `건배할 때`

[재료]
테킬라 45ml / 코로나 맥주 1병 / 라임 15ml / 스노우 스타일

스노우 스타일로 잔 테두리에 소금을 묻히고, 얼음, 테킬라, 라임을 넣는다. 이 잔에 코로나 맥주를 거꾸로 넣는다. 쏟아지던 맥주가 표면장력에 의해 멈추면 완성이다.

**마스터의 메모**

건배할 때 마시기 좋은 칵테일입니다. 탄산을 넣은 칵테일은 탄산이 빠지지 않도록 천천히 따르지만, 코로나 슬램은 조금씩 나눠 마시는 칵테일이 아니라서 투박하게 재료를 넣는 것이 포인트입니다. 테킬라와 코로나 맥주를 섞어서 알코올 도수가 높은데 의외로 술술 넘어가기 때문에 과음하지 않도록 조심합시다.

건배할 때는 이 녀석이 제맛

099

빌드 칵테일 / 위스키 베이스

기본 중의 기본, 안주는 레몬

## 위스키 하이볼

보통　산뜻함　언제든

[재료]
위스키 45ml / 소다 120ml

잔에 위스키를 넣고 얼음과 위스키를 섞는다. 여기에 탄산이 날아가지 않도록 주의하며 소다를 채운다. 취향에 따라 레몬을 넣어도 된다.

**마스터의 메모**

기본 중의 기본이라 할 수 있는 대표적인 위스키 칵테일입니다. 좋은 위스키라면 소다를 섞기만 해도 아주 맛있게 즐길 수 있습니다. 하지만 저렴한 위스키를 쓸 경우나 반주의 경우에는 레몬즙을 짜서 넣는 편이 좋습니다. 언제, 어떤 위스키를 마시느냐는 천차만별이므로 자기에게 가장 좋은 방식으로 마시면 됩니다.

## 올드 패션드

강함　약간 달콤함　언제든

[재료]
버번 위스키 45ml / 앙고스투라 비터스 2dash / 각설탕 1개 / 오렌지 슬라이스 / 레몬 슬라이스 / 마라스키노 체리

각설탕을 넣고 그 위로 앙고스투라 비터스를 뿌린다. 설탕을 살짝 으깬 다음 버번위스키를 붓는다. 오렌지·레몬 슬라이스, 마라스키노 체리 등을 취향에 맞게 넣고 크러쉬드 아이스를 담는다. 머들러와 함께 제공한다.

**마스터의 메모**

설탕을 으깨 맛을 조절하는, 손님이 만드는 칵테일입니다. 최근 네그로니에 밀리긴 했지만, 오랫동안 전 세계에서 가장 많이 마신 칵테일이었습니다. 미국에서는 가장 인기 있는 칵테일이며, 해외에선 바텐더의 실력을 보기 위해 올드 패션드를 주문한다고 합니다.

그대들은 어떻게 마실 것인가

향기마저 맛있다

## 민트 줄렙

보통  상큼함  식후

[재료]
버번 위스키 60ml / 설탕 2tsp / 소다 2tsp / 민트 5장

**줄**렙 글라스에 위스키를 넣고 크러쉬드 아이스를 담은 다음 소다를 붓는다. 민트를 얹고서 그 위에 설탕을 뿌린다.

**마스터의 메모**

위스키 소다에 민트는 두말할 필요 없이 최고로, 특히 해외에서 사랑받는 맛입니다. 올드 패션드와 마찬가지로 제공된 후에 손님이 자기 취향껏 섞고 민트를 으깨 자기 입맛에 맞게 만들어 마십니다.

## 사제락

강함  씁쓸함  식후

[재료]
버번 위스키 60ml / 각설탕 1개 / 압생트 5ml / 앙고스투라 비터스 2dash / 레몬 껍질

**얼**음이 담긴 잔에 버번 위스키, 압생트, 각설탕을 넣고 섞는다. 앙고스투라 비터스를 떨어뜨리고 레몬 껍질로 장식한다.

**마스터의 메모**

사제락은 세계에서 가장 오래된 칵테일로, 시대에 따라 만드는 방법도 달라졌습니다. 고전적인 방식을 설명하자면, 잔에 압생트를 넣고 스터한 후 그 압생트를 버립니다. 여기에 얼음, 버번 위스키, 각설탕, 앙고스투라 비터스를 넣어 섞어 만듭니다. 마지막에 앙고스투라 비터스를 넣어 씁쓸한 맛을 더 냅니다.

클래식의 위엄

빌드 칵테일 / 위스키 베이스

유한한 인생, 누구와 함께하겠습니까?

## 마미 테일러

보통 | 산뜻함 | 언제든

[재료]
위스키 45ml / 레몬 주스 15ml / 진저에일 120ml / 자른 레몬

위스키, 레몬 주스, 진저에일을 얼음이 담긴 잔에 넣고 가볍게 젓는다. 마지막에 레몬즙을 짜 넣는다.

**마스터의 메모**

위스키에 레몬과 진저에일을 섞은 것이 바로 '위스키 벅'입니다. 레몬의 신맛이 위스키의 풍미를 끌어올리고, 거기다 진저에일의 단맛도 추가돼 첫맛이 좋아집니다. 이름은 브로드웨이에서 활약했던 가수 마미 테일러에서 따왔다고 합니다. '언제나 당신과 함께'라는 뜻이 있어 좋아하는 사람과 마시는 분이 많습니다.

## 퍼플 페더

보통 | 달달함 | 언제든

[재료]
스카치 위스키 40ml / 카시스 20ml / 소다 120ml

얼음이 담긴 잔에 스카치 위스키와 카시스를 넣고 잘 젓는다. 여기에 탄산이 날아가지 않도록 주의하며 소다를 천천히 부은 다음 가볍게 섞는다.

**마스터의 메모**

보랏빛을 내서 퍼플 페더란 이름이 붙었다고 합니다. 스카치 위스키가 들어간 어른을 위한 카시스 소다 같은 느낌입니다. 맛도 좋은데 위스키도 즐길 수 있어서 카시스 소다로는 부족하던 분들에게 추천하는 칵테일입니다.

어른용 카시스 소다

브랜디와 커피의 잘못된 만남

## 더티 마더

`강함`　`달달함`　`식후`

[재료]
브랜디 40ml / 커피 리큐어 20ml

**온** 더락 글라스에 얼음, 브랜디, 커피 리큐어를 넣고 잘 섞는다.

> **마스터의 메모**
> '더티'라는 말처럼 브랜디와 커피 리큐어가 섞여 탁해 보입니다. 맛없어 보이는 색깔과는 달리 브랜디의 단맛과 커피의 쌉쌀한 맛이 의외로 잘 어우러져 알코올 향이 강해도 맛있게 마실 수 있는 칵테일입니다.

빌드 칵테일 / 브랜디 베이스

## 프렌치 커넥션

`강함`　`달달함`　`식후`

[재료]
브랜디 45ml / 아마레토 15ml

**얼** 음이 담긴 잔에 브랜디와 아마레토를 넣고 잘 젓는다.

합법적으로 취하는 방법!

> **마스터의 메모**
> 갓 파더에서 파생된 칵테일로 <프렌치 커넥션>이란 미국 영화와 관련이 있습니다. 해당 영화는 경찰이 프랑스의 마약 공급 경로를 파헤치는 내용입니다. 그래서 갓 파더의 위스키 대신 프랑스의 브랜디를 사용합니다. 브랜디는 향이 강하지만, 아마레토와 잘 어울리기도 합니다.

빌드 칵테일 / 브랜디 베이스

섞으면 초인적인 맛으로 재탄생

## 헐크

강함 / 달달함 / 식후

[재료]
브랜디 30ml / 힙노틱 30ml

힙 노틱을 얼음이 담긴 잔에 붓고 그 위에 브랜디를 플로트한다. 섞으면 헐크와 같은 색이 되므로 손님에게는 층이 있는 상태로 제공한 다음 마실 때 섞도록 안내한다.

**마스터의 메모**

이름은 유명 영화 <헐크>에서 따왔습니다. 잔 아래에 힙노틱이라는 리큐어를 깔아 만듭니다. 코냑에 여러 과일을 절여 만든 리큐어인데, 온더락으로 마셔도 맛있습니다. 칵테일을 만들 때는 힙노틱의 예쁜 파란색을 살려 브랜디를 위에 플로트합니다. 그러고 나서 섞으면 헐크와 같은 색이 되는 칵테일입니다.

## 퍼지 브라더

보통 / 달달함 / 언제든

[재료]
브랜디 40ml / 복숭아 리큐어 20ml /
오렌지 주스 120ml

얼 음이 담긴 잔에 브랜디를 넣은 다음 복숭아 리큐어, 오렌지 주스를 넣고 가볍게 젓는다.

퍼지 네이블의 형?!

**마스터의 메모**

복숭아 리큐어와 오렌지 주스를 조합한 칵테일 '퍼지 네이블'에 브랜디를 더한 칵테일로, 형제 같은 칵테일이라는 의미에서 '브라더'라는 이름이 붙었습니다. 퍼치 네이블은 마시기 편한 칵테일로 알려져 있는데, 브랜디가 들어가면서 알코올 향이 세졌습니다.

장미 뒤에 숨은 두 사랑…

## 조세핀 루즈

보통　달달함　언제든

[재료]
브랜디 30ml / 딸기 리큐어 10ml /
복숭아 리큐어 10ml / 토닉워터 120ml

얼음이 담긴 잔에 브랜디, 딸기 리큐어, 복숭아 리큐어를 넣고 잘 휘저어 섞는다. 여기에 토닉워터를 천천히 부은 다음 가볍게 젓는다.

**마스터의 메모**

조세핀은 나폴레옹의 아내를 가리키며, 나폴레옹이 사랑한 '크루보아제'를 브랜디로 사용하는 것이 포인트입니다. 크루보아제의 라벨에 빨간 장미가 그려져 있고, 조세핀이 장미를 좋아했다는 이유에서 '조세핀 루즈'라는 이름이 붙었다고 합니다. 다른 브랜디를 쓰면 본래의 의미와는 달라져버리니 주의해주세요.

## 바나나 브리즈

강함　달달함　식후

[재료]
브랜디 30ml / 크렘 드 바나나 30ml

잔에 얼음, 브랜디, 바나나 리큐어를 넣고 잘 휘저어준다.

환영합니다, 브랜디의 세계로

**마스터의 메모**

바나나 리큐어는 종류가 정말 다양한데 무엇을 써도 브랜디와 잘 어울려 제대로 된 맛을 냅니다. 언젠가는 브랜디를 온더락으로 마시고 싶은 분에게 입문용으로 바나나 브리즈를 추천합니다. 조금씩 바나나 리큐어의 양을 줄여가면 브랜디 온더락을 맛있게 즐길 수 있게 될 것입니다.

빌드 칵테일 / 브랜디 베이스

브랜디를 세련되게 마시는 방법

## 프렌치 에메랄드

( 보통 )　( 산뜻함 )　( 언제든 )

[재료]
브랜디 30ml / 블루 큐라소 10ml / 토닉워터 120ml

브랜디와 블루 큐라소를 얼음이 담긴 잔에 넣고 잘 섞는다. 여기에 탄산이 날아가지 않도록 천천히 토닉워터를 붓고 가볍게 젓는다. 마지막에 취향에 따라 레몬 슬라이스를 곁들인다.

**마스터의 메모**

브랜디는 아저씨들이 마시는 술이라는 이미지가 있지 않나요? (웃음) 이러한 이미지를 깨기에 좋은 칵테일입니다. 브랜디에 블루 큐라소를 넣으면 에메랄드빛을 띠게 됩니다. 예쁜 빛깔이 눈길을 확 사로잡습니다. 브랜디를 이렇게도 마실 수 있다는 것을 기억해주세요.

## 스노우 맨

( 보통 )　( 달달함 )　( 식후 )

[재료]
브랜디 30ml / 요거트 20ml / 복숭아 리큐어 10ml / 토닉워터 120ml / 펄 어니언 / 블랙 올리브 / 체리 / 민트 / 슈가 파우더

얼음을 담은 잔에 브랜디, 요거트, 복숭아 리큐어를 넣고 제대로 젓는다. 여기에 토닉워터를 천천히 붓고 가볍게 섞는다. 귀여운 장식을 올린다.

**마스터의 메모**

달콤한 디저트 칵테일로, 요거트와 복숭아 리큐어가 들어가서 달고 마시기 편합니다. 요거트와 토닉워터가 만나면 눈처럼 변해서 스노우 맨이라고 이름 지어졌습니다. 블랙 올리브, 체리, 민트 등으로 귀엽게 장식하는 것이 포인트입니다.

마음마저 하얗게 물들이는 '달콤한 눈'

소주도 사랑받고 싶다고!

## 쇼츄 블루

( 약함 )  ( 산뜻함 )  ( 언제든 )

[재료]
소주 45ml / 자몽 주스 60ml / 토닉워터 120ml /
블루 큐라소 15ml

얼음이 담긴 잔에 소주와 자몽 주스를 넣고 잘 섞은 다음 토닉워터를 부어 가볍게 젓는다. 마지막에 블루 큐라소를 바닥에 깔아준다.

**마스터의 메모**

술에 자몽 주스와 토닉워터를 섞은 모니 스타일 칵테일입니다. 어떤 술에도 잘 어울리는 황금 레시피로 소주에도 딱이지요. 소주 칵테일이라 하면 아저씨 느낌이 강한데, 상큼한 파란색을 넣어 비주얼이 돋보이는 칵테일로 탈바꿈했습니다.

---

## 언스위트 메모리

( 강함 )  ( 쓰고 달콤함 )  ( 식전 )

[재료]
소주 30ml / 캄파리 30ml / 드라이 베르무트 30ml

얼음이 담긴 언더락 글라스에 소주, 캄파리, 드라이 베르무트를 넣고 완전히 섞는다.

쌉쌀한 기억도 사르르

**마스터의 메모**

네그로니의 진 베이스를 소주로 바꾼 칵테일입니다. 개인적으로는 진으로 만든 정통 네그로니보다 마시기 편해서 추천하는 메뉴입니다. 드라이 진의 강한 술맛이 덜어져 훨씬 순해졌습니다.

빌드 칵테일 / 소주 베이스

빌드 칵테일 / 소주 베이스 · 일본주 베이스

깔끔하게 취하는 칼피스 소다

## 쇼츄 화이트

`약함`　`달달함`　`식후`

[재료]
소주 45ml / 칼피스 30ml / 소다 90ml

얼음이 담긴 잔에 소주와 칼피스를 넣고 잘 휘저어 완전히 섞어서 하나의 음료로 만든다. 여기에 얼음에 닿지 않게 소다를 붓고 가볍게 1회 반 정도 섞어준다.

**마스터의 메모**

칼피스 소다에 소주가 들어 있는 느낌입니다. 거품이 부슬부슬 피어오른 외관 때문에 술이라기보다는 음료수 같기도 합니다. 소주가 잘 안 맞는 분도 마실 수 있는 칵테일입니다.

---

## 사무라이 록

`보통`　`산뜻함`　`식후`

[재료]
일본주 60ml / 라임 주스 10ml / 자른 라임

일본주와 라임(생즙 또는 주스)을 얼음이 담긴 언더락 글라스에 넣고 완전히 섞어준다.

**마스터의 메모**

해외에서도 유명한 일본주 칵테일입니다. 일본주를 처음부터 홀짝이면서 마시기보다는 사무라이 록으로 시작하는 것이 일반적이라고 하네요. 진 라임의 진 베이스를 일본주로 바꾼 버전이라 마시기 편합니다. 알코올 도수도 그렇게 강하지 않아서 일본주가 낯선 분이라도 금방 적응할 수 있을 것입니다.

마침내 빛을 발하는 사무라이의 영혼

커피로 살리는 일본주의 풍미

## 블랙 나다

 보통　 달달함　 식후

[재료]
일본주 40ml / 커피 리큐어 20ml

일본주와 커피 리큐어를 얼음이 담긴 언더락 글라스에 넣고 완전히 섞어준다.

**마스터의 메모**

보드카와 커피 리큐어가 만나면 블랙 러시안이지요. 여기서 베이스를 일본주로 변형한 칵테일입니다. 일본주와 커피는 의외로 궁합이 좋아서 단 술과 만나면 굉장히 맛있어집니다. 다만 커피 리큐어를 너무 많이 넣으면 일본주의 풍미가 사라지기 때문에 레시피보다 커피 리큐어를 조금 덜 넣어도 괜찮습니다.

---

## 재패니즈 키르 로열

 보통　 쓰고 달콤함　 식전　

[재료]
일본주 80ml / 카시스 30ml / 소다 60ml

얼음이 담긴 잔에 일본주와 카시스를 넣고 완전히 섞는다. 여기에 얼음에 닿지 않도록 주의하며 소다를 붓고 가볍게 젓는다.

**마스터의 메모**

키르 로열이라는 스파클링 와인을 사용한 칵테일의 일본주 버전입니다. 일본주에 소다를 넣어 일본주 샴페인 같은 느낌을 줍니다. 카시스가 들어가서 달고 마시기 편합니다.

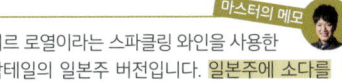
스파클링 와인이 아니라 일본주라고?

빌드 칵테일 / 일본주 베이스

빌드 칵테일 / 레드 와인 베이스

계속 마시게 되는 마성의 와인

## 키티

약함 · 달고 산뜻함 · 식전

[재료]
레드 와인 90ml / 진저에일 90ml

와인 글라스에 레드 와인과 진저에일을 넣고 가볍게 젓는다.

**마스터의 메모**

'키티'는 영어로 '새끼 고양이'를 말합니다. 새끼 고양이도 핥아먹을 수 있을 정도로 순한 칵테일이라는 의미가 있습니다. 알코올 도수도 낮고, 와인의 떫은맛이 덜해 와인을 평소 잘 못 마시던 분들도 맛있게 마실 수 있습니다. 와인으로 건배할 때, 와인이 안 맞는 분들은 겉보기에 와인과 비슷한 키티로 대신해보세요.

## 칼리모초

약함 · 약간 달콤함 · 언제든

[재료]
레드 와인 90ml / 콜라 90ml / 레몬 슬라이스

얼음이 담긴 잔에 레드 와인을 넣고 콜라를 천천히 부어 가볍게 젓는다. 마지막에 레몬을 넣어 완성한다.

**마스터의 메모**

추천하기 좋은 칵테일입니다. 만들어지긴 원래 멕시코에서 만들어졌는데, 스페인에서 굉장히 대중적인 음료라고 합니다. 스페인에서는 아이들도 마실 정도로 널리 퍼져 있습니다. 쿠바 리브레(럼+콜라)의 변형 칵테일입니다. 럼보다 레드 와인이 더 저렴하기도 해서 부담 없이 마실 수 있는 칵테일이라고도 할 수 있겠네요.

스페인에서는 아이들도 마신다고?

섞기 전 '인증샷' 필수

# 아메리칸 레모네이드

약함 · 산뜻함 · 언제든

[재료]
레드 와인 30ml / 레몬 30ml / 시럽 15ml / 물 90ml

얼음이 담긴 잔에 물, 레몬, 시럽을 넣고 휘저어 레모네이드를 만든다. 그리고 위에서부터 레드 와인을 천천히 따라서 플로트한다. 마지막에 레몬으로 장식한다. 레드 와인은 비중이 가벼워서 다른 술 위에 잘 뜬다.

**마스터의 메모**
이 칵테일을 맛있게 만드는 비결은 바로 레모네이드를 제대로 만드는 것입니다. 완전히 잘 섞이지 않으면 레드 와인이 뜨지 않습니다. 층이 나뉜 상태로 손님에게 내고, 인증샷을 찍은 다음에 섞어서 마시면 된다고 안내하면 됩니다.

# 로자 로사

보통 · 달고 산뜻함 · 식후

[재료]
레드 와인 60ml / 아마레토 30ml / 진저에일 60ml

얼음이 담긴 잔에 레드 와인과 아마레토를 넣은 다음 잘 섞는다. 이 위로 탄산이 날아가지 않도록 주의하며 천천히 진저에일을 넣고 가볍게 젓는다. 마지막에 레몬을 넣어 완성한다.

**마스터의 메모**
'로자 로사'는 이탈리아어로 '붉은 언덕'이라는 뜻입니다. 키티가 어딘지 아쉬운 분이라면 리큐어를 추가해 알코올 도수가 올라간 로자 로사를 드셔보세요. 와인과 아마레토도 워낙 잘 어울려서 달고 산뜻한 맛을 즐길 수 있습니다.

키티로는 부족한 당신에게

빌드 칵테일 / 레드 와인 베이스 · 화이트 와인 베이스

소다나 토닉워터보다는 세븐업

## 퀸 샬롯

 약함    달달함    언제든

[재료]
레드 와인 30ml / 그레나딘 시럽 10ml / 세븐업 90ml

와인 글라스에 얼음을 담고 레드 와인과 그레나딘 시럽을 넣어 확실히 섞는다. 마지막에 세븐업을 부어 가볍게 젓는다.

**마스터의 메모**
세븐업 대신에 소다나 토닉워터를 써도 되지만, 그레나딘과는 세븐업이 더 잘 어울리므로 개인적으로는 세븐업을 추천합니다.

## 키르

 보통    약간 달콤함    언제든

[재료]
화이트 와인 60ml / 카시스 10ml

와인 글라스에 화이트 와인, 카시스를 넣고 가볍게 젓는다.

**마스터의 메모**
알코올이 세서 화이트 와인은 단독으로 못 마시겠다는 분을 위한 칵테일입니다. 카시스로 단맛을 더해주었습니다. 프랑스 부르고뉴 지방 디종시의 특산물인 화이트 와인과 카시스 리큐어를 활용한 칵테일을 대중화하기 위해 애쓴 시장 펠릭스 키르의 이름에서 따왔습니다. 얼음을 넣고 벌컥벌컥 마셔도 맛있습니다.

화이트 와인을 싫어해도 맛있을 거예요

입안을 씻겨주는 깔끔한 식전주

## 스프리쳐

약함 / 산뜻함 / 식전

[재료]
화이트 와인 90ml / 소다 60ml / 레몬 슬라이스

얼음이 담긴 잔에 화이트 와인과 소다를 넣고 가볍게 젓는다. 레몬 슬라이스를 곁들인다.

**마스터의 메모**

화이트 와인과 소다를 섞고 레몬을 곁들이는 간단한 칵테일로, 식전주로 자주 마십니다. 매우 깔끔한 맛을 자랑합니다. 스파클링 와인은 술 자체에 탄산이 들어가 있지만, 스프리쳐는 화이트 와인에 탄산을 더한 것이라 알코올 도수가 낮아졌습니다.

## 오페레타

약함 / 달고 산뜻함 / 언제든

[재료]
화이트 와인 90ml / 진저에일 90ml / 레몬 10ml / 레몬 슬라이스

얼음이 담긴 잔에 화이트 와인과 레몬즙을 넣고 섞는다. 여기에 천천히 진저에일을 따르고 가볍게 섞은 후 레몬을 곁들인다.

**마스터의 메모**

진저에일+레몬의 벅 스타일로, 화이트 와인 칵테일 중에서는 가장 인기가 있습니다. 최근 일본 이자카야에서도 자주 눈에 띄는데, 저희 가게에서도 주문하는 분이 정말 많습니다. 원래 비행기 관제사가 휴식 시간에 마셨다고 할 정도로 알코올 도수가 낮아 술이 약한 분도 마시기에 부담 없는 칵테일입니다.

이자카야에도 있을 정도의 인기 칵테일

빌드 칵테일 / 화이트 와인 베이스

화이트 와인과 복숭아면 끝

## 페슈 키르

( 약함 )　( 달고 산뜻함 )　( 식전 )

[재료]
화이트 와인 60ml / 페슈(복숭아 리큐어) 10ml

**와**인 글라스에 화이트 와인과 복숭아 리큐어를 넣고 잘 섞는다.

**마스터의 메모**

키르의 파생형으로 카시스가 복숭아 리큐어로 대체되었습니다. 화이트 와인과 복숭아 리큐어는 워낙 잘 어울러서 누가 마셔도 입에 잘 맞을 것입니다. 페슈는 프랑스어로 '복숭아'라는 뜻입니다.

## 메이페어 스프리처

( 약함 )　( 산뜻함 )　( 식전 )

[재료]
화이트 와인 60ml / 캄파리 15ml / 소다 60ml

**얼**음이 담긴 잔에 화이트 와인과 캄파리를 넣고 잘 섞는다. 탄산이 날아가지 않도록 천천히 소다를 붓고 가볍게 젓는다. 취향에 따라 레몬을 넣는다.

**마스터의 메모**

스프리처의 파생 칵테일입니다. 스프리처에 캄파리를 넣어 쓴맛이 가미되고, 알코올 도수가 올라 식전주로 적합한 칵테일입니다. 스프리처보다도 뒷맛이 써서 식전에 마시면 식욕을 돋울 수 있습니다. 조금 난해한 표현이지만, 맛은 '쓰고 산뜻'하다고 할 수 있겠네요.

쓰고 산뜻한 맛?

새콤달콤한 맛을 좋아한다면 이것

## 키르 임페리얼

약함 / 새콤달콤함 / 식전

[재료]
스파클링 와인 60ml / 프랑부아즈 10ml

와인 글라스에 프랑부아즈, 스파클링 와인을 넣고 탄산이 날아가지 않도록 주의하며 가볍게 젓는다.

**마스터의 메모**

'키르 로열'은 가장 기본적이면서도 인기도 많은 샴페인 칵테일로 알려져 있습니다. 그런데 '로열(왕실)' 이상의 칵테일이라는 의미로 '임페리얼(황제)'이라는 명칭이 붙은 것이 바로 키르 임페리얼입니다. 프랑부아즈는 카시스보다도 산미가 강한 편인데, 새콤달콤한 맛을 좋아하는 분이라면 키르 임페리얼을 추천합니다.

## 키르 로열

강함 / 달달함 / 식전

[재료]
스파클링 와인 60ml / 카시스 10ml

스파클링 와인과 카시스를 와인 글라스에 붓고 가볍게 젓는다.

**마스터의 메모**

대표적인 식전주 칵테일입니다. 산뜻하면서도 알코올 도수도 낮아 식전에 마시기 적합합니다. 미모사나 벨리니가 더 제 취향이긴 하지만, 스파클링 와인 칵테일 중에서 가장 인기가 좋은 칵테일은 키르 로열입니다. 샴페인은 스파클링 와인의 한 종류로 샹파뉴 지방에서 만든 것을 말합니다.

정말 간단하게 만드는 스파클링 식전주

빌드 칵테일 / 스파클링 와인 베이스

**빌드** 칵테일 / **스파클링 와인** 베이스

색깔을 입혔더니 '비주얼' 업

## 샴페인 블루스

( 약함 ) ( 산뜻함 ) ( 언제든 )

[재료]
스파클링 와인 110ml / 블루 큐라소 10ml / 레몬 껍질

스파클링 와인, 블루 큐라소를 와인 글라스에 붓고 가볍게 젓는다. 마지막에 레몬 껍질로 장식한다.

**마스터의 메모**
블루 큐라소는 색 입히기 용도일 뿐이라서, 스파클링 와인 그 자체를 즐길 수 있는 칵테일입니다. 파란 스파클링 와인은 드무니 사진으로도 남기기 좋습니다.

## 티치아노

( 약함 ) ( 달고 산뜻함 ) ( 식전 )

[재료]
스파클링 와인 60ml / 자몽 주스 30ml

와인 글라스에 스파클링 와인과 자몽 주스를 넣고 가볍게 젓는다. 취향에 따라 민트를 장식한다.

**마스터의 메모**
스파클링 와인의 산미와 자몽 주스의 산미를 합친 느낌으로 마시기 편하고 맛이 깊습니다. 참고로 티치아노는 이탈리아 르네상스 시기의 화가입니다.

'산미 곱하기 산미'는 더 깊은 맛

**피치 넥타의 단맛이 입안 가득**

# 벨리니

`약함` `달달함` `식전`

[재료]
스파클링 와인 60ml / 피치 넥타 30ml / 그레나딘 시럽 1tsp

**잔**에 피치 넥타(일본에서 판매하는 복숭아 주스-옮긴이)와 그레나딘 시럽을 넣고 잘 섞는다. 여기에 스파클링 와인을 붓고 전체적으로 가볍게 젓는다.

**마스터의 메모**

이탈리아 베네치아의 유명 레스토랑 '해리스 바'에서 만들어진 칵테일입니다. 상큼한 맛의 스파클링 와인에 피치 넥타의 단맛이 퍼지는데, 정말 맛있습니다. 사람들의 입맛에 잘 맞아 인기 있는 칵테일 중 하나입니다.

# 미모사

`약함` `달달함` `식전`

[재료]
스파클링 와인 60ml / 오렌지 주스 60ml

스파클링 와인과 오렌지 주스를 잔에 붓고 가볍게 젓는다.

**가능하다면 생오렌지로!**

**마스터의 메모**

원래 상류층에서 마시던 칵테일입니다. 가능한 생오렌지 주스를 쓴다면 더욱 맛있게 즐길 수 있습니다. 싱그러운 노란색이 미모사 꽃과 닮았다고 하여 미모사라는 이름이 붙었습니다.

빌드 칵테일 / 스파클링 와인 베이스

민트 향 물씬 풍기는 '초록빛' 건배!

## 크리스털 라인

 약함   산뜻함   건배할 때

[재료]
스파클링 와인 60ml / 그린 민트 10ml

와인 글라스에 스파클링 와인과 그린 민트를 넣고 가볍게 젓는다.

**마스터의 메모**
샴페인 블루스와 마찬가지로 색깔이 돋보이는 칵테일입니다. 민트와 스파클링 와인의 조합을 좋아하는 사람이 많습니다. 시원한 느낌이라 건배주로 좋습니다.

---

## 블랙 벨벳

 약함   쓰고 진함    건배할 때

[재료]
스파클링 와인 1/2 / 흑맥주 1/2

잔에 스파클링 와인과 흑맥주를 동시에 섞듯이 천천히 붓는다.

전국의 바텐더들을 긴장시키다

**마스터의 메모**
이 칵테일은 만화 《바텐더》를 계기로 널리 알려진 칵테일입니다. 주인공이 흑맥주와 스파클링 와인을 동시에 넣어 한 잔을 딱 맞추는 장면이 있는데, 다음 날부터 전국에서 블랙 벨벳 주문이 쇄도했다고 합니다. 따를 때의 각도나 거품의 양 등, 바텐더의 숙련된 기술이 요구되는 칵테일입니다.

맥주가 먼저? 진저에일이 먼저?

## 샌디 가프

약함 / 달달함 / 건배할 때

[재료]
맥주 1/2 / 진저에일 1/2

먼저 진저에일을 잔의 반 정도 따르고, 남은 반을 채우듯이 천천히 맥주를 붓는다. 마지막에 천천히 바 스푼을 잔 아래로 넣어 바닥 부분만 가볍게 젓는다.

**마스터의 메모**

진저에일을 넣었기 때문에, 맥주가 써서 잘 못 마시는 사람도 마실 수 있고 알코올 도수도 낮은 편입니다. 맥주 칵테일은 거품을 얼마나 만드느냐가 관건이므로, **거품을 예쁘게 만들려면 진저에일→맥주 순으로 넣어주세요.** 단, 집에서 만들 때는 맥주 거품을 일으켜 먼저 넣은 다음 조금씩 거품이 가라앉을 때에 맞춰 진저에일을 흘려 넣어주면 거품이 예쁘게 만들어집니다.

## 레드 아이

약함 / 산뜻함 / 언제든

[재료]
맥주 1/2 / 토마토 주스 1/2

먼저 토마토 주스를 잔의 반 정도 따르고, 남은 반을 채우듯이 천천히 맥주를 붓는다.

**마스터의 메모**

저는 레드 아이를 마무리 술로 자주 마시곤 합니다. 생토마토즙을 내고 타바스코 등도 넣어서 마지막 술로 마시고 집에 들어가는 패턴입니다. 일반적으로 시판용 토마토 주스를 사용하지만, 생토마토를 사용한 레드 아이도 맛있으니 한번 시도해보세요.

타바스코도 곁들여 '마무리 한 잔으로'

빌드 칵테일 / 맥주 베이스

빌드 칵테일 / 맥주 베이스

알코올 도수가 높은 맥주를 마시고 싶다면

## 서브마린

 강함   산뜻함   건배할 때

[재료]
테킬라 60ml / 맥주 180ml

**테**킬라를 잔에 따르고 그 위로 잔이 채워질 때까지 맥주를 조심스럽게 붓는다. 원래는 테킬라를 샷째로 가라앉힌다.

**마스터의 메모**

테킬라와 맥주의 조합이므로 컨디션이 좋을 때 마시는 칵테일입니다. 원래는 테킬라가 들어간 샷 글라스를 잔 아래에 가라앉혀 마시는 칵테일입니다. 가라앉은 모습에서 서브마린(잠수함)이라는 이름이 붙었습니다. 알코올 도수가 높은 맥주를 한잔하고 싶은 분들에게 추천합니다.

---

## 크랜베리 비어

 약함   달달함   식후

[재료]
크랜베리 주스 30ml / 그레나딘 시럽 1tsp / 맥주 180ml

**크**랜베리 주스와 그레나딘을 잔에 따르고 가볍게 젓는다. 그 위로 남은 잔을 채우듯이 조심스럽게 맥주를 붓는다.

**마스터의 메모**

크랜베리(산딸기) 맥주 중에는 과일 향이 나는 맥주도 많은데, 그런 맥주를 아예 주스처럼 만들어 먹는 칵테일입니다. 크랜베리 비어도 샌디 가프와 마찬가지로 집에서 만들 때는 맥주를 먼저 붓고 나서 크랜베리 주스를 따라 거품을 만들어냅니다.

산딸기와 맥주의 조심스러운 만남

## 파나셰

 약함    달고 산뜻함   건배할 때

[재료]
맥주 1/2 / 레모네이드 1/2

'맛있는 레모네이드'가 관건

저 레모네이드를 잔의 반 정도 따르고, 남은 반을 채우듯이 조심스럽게 맥주를 붓는다.

**마스터의 메모**

일본에서는 맥주 칵테일로 샌디 가프가 유명하지만, 해외에서는 파나셰가 더 인기가 많습니다. 외국인 손님이 가게에 오면 파나셰를 주문합니다. 만들 때 포인트는 레모네이드를 맛있게 만드는 것입니다.

---

## 에그 비어

 보통    달달함   식후

[재료]
아드보카트 60ml / 맥주 180ml

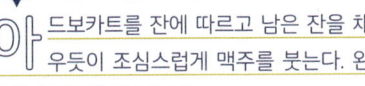

아드보카트를 잔에 따르고 남은 잔을 채우듯이 조심스럽게 맥주를 붓는다. 완전히 섞이도록 잘 젓는다.

 잘 만들면 참 맛있어요

**마스터의 메모**

크림 상태의 리큐어인 아드보카트를 맥주와 섞어 밀크셰이크 같은 맛이 납니다. 아드보카트는 잘 섞이지 않는 리큐어인데, 그렇다고 너무 힘줘서 저으면 거품이 튀기 때문에 다루기 까다롭습니다.

빌드
칵테일 / 리큐어 베이스

생오렌지즙을 넣으면 맛의 격이 달라진다

## 카시스 오렌지

( 약함 )  ( 달달함 )  ( 언제든 )

[재료]
카시스 30ml / 오렌지 주스 120ml

얼음이 담긴 잔에 카시스와 오렌지 주스를 따르고 잘 젓는다.

**마스터의 메모**

일본에서 여성들이 가장 많이 찾는 칵테일이라고 해도 좋을 듯합니다. 일반 술집에도 있고, 저희 가게에서도 가장 주문량이 많은 메뉴입니다. 다른 종류의 카시스를 사용하거나 오렌지즙을 직접 짜서 넣는 등 조금씩 변형을 주기만 해도 또 다른 맛을 즐길 수 있습니다.

## 카시스 자몽

( 약함 )  ( 달고 산뜻함 )  ( 언제든 )

[재료]
카시스 30ml / 자몽 주스 120ml

얼음이 담긴 잔 바닥에 카시스를 가라앉히고, 그 위로 자몽 주스를 붓는다. 층이 분리된 상태로 손님에게 제공한다. 마실 때는 잘 저은 다음 마시도록 한다.

**마스터의 메모**

뒷맛이 깔끔해서 그런지, 저는 카시스 오렌지보다도 카시스 자몽이 더 맛있더군요. 달콤한 카시스와 산뜻한 자몽 주스의 궁합은 정말 최고입니다. 카시스는 세계적으로 유명하진 않은데, 유독 일본에서는 큰 사랑을 받고 있습니다.

자몽으로 '깔끔한 단맛'을

우롱차의 저력이란...

## 카시스 우롱

`약함` `산뜻함` `언제든`

[재료]
카시스 30ml / 우롱차 120ml

**얼** 음이 담긴 잔에 카시스와 우롱차를 따르고 가볍게 젓는다.

> **마스터의 메모**
> 술집의 베스트 메뉴이지요. 건배주로 마셔도 좋고, 다른 달콤한 칵테일에 비해 음식 맛을 방해하지 않아 어느 상황에도 어울리는 칵테일입니다. 우롱차는 단 술과 섞여도 서로의 장점을 해치지 않아 맛있게 마실 수 있습니다. 우롱차의 잠재력은 정말 대단한 것 같습니다.

## 카시스 밀크

`약함` `달달함` `식후`

[재료]
카시스 30ml / 우유 120ml

**얼** 음이 담긴 온더락 글라스에 카시스를 따르고, 그 위로 우유를 천천히 붓는다. 층이 분리된 상태로 손님에게 제공한다. 마실 때는 잘 저은 다음 마시도록 한다.

셰이크하면 한층 더 부드러워지는 맛

> **마스터의 메모**
> 칼루아 밀크에서 파생한 칵테일로, 과일 맛이 나는 달콤한 우유라 생각하시면 좋을 듯합니다. 이 책에서는 빌드 칵테일로 소개하고 있지만, 셰이크로 만들어도 됩니다. 카시스와 우유는 서로 잘 섞이지 않는데, 셰이크 기법으로 섞어주면 균일하게 잘 섞이고 더욱 부드러워집니다.

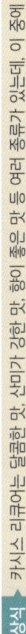

**빌드**
칵테일 / 리큐어 베이스

카시스 오렌지 '졸업생'에게

## 카시스 소다

( 약함 ) ( 산뜻함 ) ( 언제든 )

[재료]
카시스 30ml / 소다 120ml / 레몬 슬라이스

얼음이 담긴 잔에 카시스를 따르고 준비한 소다의 1/3 정도를 부어 완전히 섞는다. 카시스 소다를 만든 다음 잔 중앙에 남은 소다를 천천히 붓고 가볍게 젓는다. 마지막에 레몬 슬라이스를 넣는다.

**마스터의 메모**
카시스 오렌지를 졸업하고 싶어졌다면 그 다음 단계로 제격입니다. 카시스의 잘 섞이지 않는 특성 때문에 소다를 한 번에 다 넣지 않고 1/3 정도를 먼저 넣어 완전히 섞습니다. 맛의 포인트는 갓 짠 레몬즙입니다. 레몬즙을 넣으면 맛이 확 잡혀서 더 맛있어집니다.

## 퍼지 네이블

( 약함 ) ( 달달함 ) ( 언제든 )

[재료]
페슈 30ml / 오렌지 주스 120ml / 오렌지 조각

페슈와 오렌지 주스를 얼음이 담긴 잔에 따르고 잘 젓는다. 마무리로 오렌지 조각을 넣는다.

**마스터의 메모**
카시스 오렌지의 카시스를 페슈로 바꾼 버전입니다. 일본에서는 여성들에게 특히 인기가 좋은 칵테일 중 하나입니다. 달콤하고 알코올 도수도 낮아서 술이 약한 분들도 마시기 좋습니다. 페슈는 카시스보다 다른 재료와 잘 섞여서 빌드 기법으로도 균일한 맛을 낼 수 있습니다.

술이 약한 사람도 맛있게!

이름도 지역 따라 가지각색

## 레게 펀치

( 약함 )  ( 달고 산뜻함 )  ( 언제든 )

[재료]
페슈 30ml / 우롱차 120ml / 레몬 껍질

얼음이 담긴 잔에 페슈와 우롱차를 따르고 잘 젓는다. 기호에 따라 레몬 껍질을 넣는다.

**마스터의 메모**

피치 우롱으로도 불리는데, 발상지인 센다이에서는 레게 펀치라고 합니다. 이처럼 현지 이름이 따로 있는 경우가 꽤 있는데, 카시스 자몽도 에히메현에서는 마담 로샤스, 옆 동네 고치현에서는 마담 로제라고 부릅니다. 마담 로제는 고치현에 있는 바 마스터가 파리에서 유학할 당시 잠시 스친 향수가 인상 깊게 남아 그 향기를 재현한 것이라고 합니다. 이것이 에히메현으로 전파되어 마담 로샤스라고 불리게 되었습니다.

## 피치 블래스터

( 약함 )  ( 달고 산뜻함 )  ( 언제든 )

[재료]
페슈 30ml / 크랜베리 주스 120ml

페슈와 크랜베리 주스를 얼음이 담긴 잔에 따르고 잘 젓는다. 취향에 따라 레몬을 넣어도 된다.

**마스터의 메모**

페슈와 크랜베리 주스라는 최고의 조합으로 만들어졌기 때문에, 맛이 없을 수가 없습니다. 달콤한 리큐어와 상큼한 주스가 어우러져 만들어진 달고 산뜻한 맛이 매력적입니다.

최강이라는 이름이 아깝지 않은 최고의 맛

**빌드** 칵테일 / **리큐어** 베이스

레몬즙을 내면 배로 맛있어진다

## 캄파리 소다

`약함`　`산뜻함`　`식전`

[재료]
캄파리 30ml / 소다 120ml / 레몬 슬라이스

얼음이 담긴 잔에 캄파리를 따르고 얼음에 닿지 않도록 소다를 부은 다음 가볍게 젓는다. 마무리로 레몬 슬라이스를 넣는다. 캄파리는 잘 섞이기 때문에, 탄산이 날아가지 않도록 가볍게 젓기만 해도 괜찮다.

**마스터의 메모**

캄파리와 소다만 섞는다면 약 맛만 날 수도 있는데요. 여기에 레몬즙을 짜서 넣으면 훨씬 맛있는 칵테일로 거듭납니다. 카시스 소다와 색깔이 비슷하지만, 맛은 전혀 다르므로 달콤한 칵테일을 좋아하는 분들은 헷갈리지 않도록 조심하세요. 저 같은 경우에는 취했을 때 마시면 상큼한 맛에 정신이 번쩍 들더라고요.

## 스푸모니

`약함`　`산뜻함`　`언제든`

[재료]
캄파리 30ml / 자몽 주스 45ml / 토닉워터 90ml / 레몬 슬라이스

얼음이 담긴 잔에 캄파리→자몽 주스→토닉워터 순으로 따르고 가볍게 젓는다. 마지막에 레몬 슬라이스를 넣는다.

**마스터의 메모**

캄파리의 장점이 가장 잘 돋보이는 칵테일입니다. 다양한 칵테일로 파생되다 보니 '모니 스타일'이라는 명칭이 생겼을 정도로 **역사적으로 의미가 있는** 칵테일입니다. 술에 자몽과 토닉워터라는, 실패 없는 맛있음을 보장합니다.

캄파리의 매력을 최대한으로

탄산이 부담스럽다면 캄파리 자몽을

# 캄파리 자몽

( 약함 )  ( 산뜻함 )  ( 언제든 )

[재료]
캄파리 30ml / 자몽 주스 120ml / 레몬 슬라이스

**캄**파리와 자몽 주스를 얼음이 담긴 잔에 따르고 잘 젓는다. 마지막에 레몬 슬라이스를 넣는다.

**마스터의 메모**

스푸모니를 보면 알 수 있듯이 캄파리와 자몽의 만남은 정말 최고입니다. 그런데 스푸모니의 탄산이 부담스러운 분이 계신가요? 그런 분들께 캄파리 자몽을 추천합니다. 캄파리의 진가를 알 수 있습니다. 캄파리가 처음이라면 캄파리 소다보다는 캄파리 자몽이 더 잘 맞을 것입니다.

# 아메리카노

( 보통 )  ( 산뜻함 )  ( 건배할 때 )

[재료]
캄파리 30ml / 스위트 베르무트 30ml / 소다 90ml / 레몬 슬라이스

**얼**음이 담긴 잔에 캄파리, 스위트 베르무트를 따르고 잘 섞는다. 얼음에 닿지 않도록 소다를 붓고 가볍게 젓는다. 마지막에 레몬 슬라이스를 넣는다.

**마스터의 메모**

캄파리와 스위트 베르무트 모두 식전주라 건배할 때 마시기 좋습니다. 캄파리 소다에 스위트 베르무트가 들어가며 풍미가 깊어졌습니다. 이름에 스위트가 붙는 만큼 스위트 베르무트는 단맛이 도는데, 캄파리의 쓴맛이 단맛과 조화를 이루며 서로의 장점을 끌어냅니다.

캄파리로 단맛과 조화를

분명 잘못 넣었는데, 맛있네?

## 네그로니 스발리아토

보통 / 산뜻함 / 식전

[재료]
캄파리 30ml / 스위트 베르무트 5ml /
스파클링 와인 120ml

얼음이 담긴 온더락 글라스에 캄파리, 스위트 베르무트를 넣고 섞는다. 그 위로 스파클링 와인을 부은 다음 가볍게 젓는다.

**마스터의 메모**
네그로니를 발전시킨 형태의 칵테일입니다. '스발리아토'는 이탈리아어로 '틀렸다'라는 의미로 네그로니를 만들 때 실수로 진 대신 프로세코를 넣었던 것에서 유래했습니다. 아메리카노가 물리다면 탄산이 아니라 스파클링 와인이 들어간 네그로니 스발리아토를 추천합니다.

---

## 제우스

강함 / 산뜻함 / 언제든

[재료]
캄파리 40ml / 보드카 20ml

얼음이 담긴 온더락 글라스에 캄파리와 보드카를 넣고 잘 저어준다.

술 좀 마신다는 사람들이 찾는 칵테일

**마스터의 메모**
캄파리와 보드카가 만났을 뿐인데 정말 강렬합니다. 센 술을 원한다면 제우스를 마셔보세요. 보드카는 기본적으로 무미 무취라서 캄파리를 좋아하고 도수가 높은 술을 원하는 사람이라면 제우스가 제격입니다. 그런데 주문하는 사람이 거의 없습니다.

포인트를 주어 다양한 방식으로 즐겨보자!

## 칼루아 밀크

( 약함 )  ( 달달함 )  ( 식후 )

[재료]
칼루아 30ml / 우유 120ml

얼음이 담긴 잔에 칼루아를 따르고, 그 위로 조심스럽게 우유를 붓는다. 손님에게는 층이 나뉜 상태로 제공한다. 마실 때는 제대로 섞어서 마신다.

**마스터의 메모**

기본 중의 기본이라 할 수 있는 정말 유명한 칵테일이지요. 술이 들어간 커피 우유 같은 느낌입니다. 달콤한 칼루아가 들어가기 때문에 커피를 못 마시던 사람도 의외로 맛있게 느낄지도 모릅니다. 카시스 밀크와 마찬가지로 셰이크해서 마셔도 됩니다. 계피처럼 강렬한 맛을 추가해 변화를 줘도 됩니다.

## 메히코 펀치

( 보통 )  ( 달달함 )  ( 언제든 )

[재료]
칼루아 30ml / 레몬 주스 10ml / 진저에일 120ml / 레몬 슬라이스

얼음이 담긴 잔에 칼루아와 레몬 주스를 따르고 완전히 섞어준다. 천천히 진저에일을 부은 다음 가볍게 젓는다. 마지막에 레몬 슬라이스를 넣는다.

**마스터의 메모**

유명한 칼루아 칵테일 중 하나입니다. 진저에일+레몬이라는 황금 조합이라서 누구라도 편하게 마실 수 있습니다. 칼루아와 진저에일의 만남에 갸웃하시는 분들도 있을지 모르지만, 칼루아는 의외로 탄산과 잘 어울려서 진저에일과도 궁합이 좋습니다.

믿고 마시는 '황금 레시피'

빌드
칵테일 / 리큐어 베이스

칼루아와 우유만으로는 너무 아쉽다!

## 칼루아 트위스트

보통　달달함　언제든

[재료]
칼루아 30ml / 콜라 120ml / 레몬 슬라이스

얼음이 담긴 잔에 칼루아와 콜라를 따르고 가볍게 젓는다. 마지막에 레몬 슬라이스를 넣는다.

**마스터의 메모**

칼루아 콕에 레몬 슬라이스를 넣으면 칼루아 트위스트로 변신합니다. 칼루아+콜라는 합이 좋아서 의외로 맛있답니다. 탄산을 싫어하지만 않는다면 속는 셈 치고 꼭 마셔보길 바라는 칵테일입니다. 칼루아를 우유하고만 섞어 마시긴 아쉬우니 다양한 방법으로 마셔봅시다.

## 카페 칼루아

보통　달콤함　식후

[재료]
칼루아 20ml / 따뜻한 커피 150ml / 설탕 2tsp / 휘핑크림

잔에 칼루아, 따뜻한 커피, 설탕을 넣고 잘 젓는다. 그 위에 휘핑크림을 얹는다.

**마스터의 메모**

커피와 커피의 조합으로 맛있을 수밖에 없습니다. 칼루아가 달기 때문에 달콤한 커피를 상상하면 됩니다. 식사 후에 마시는 커피처럼 즐길 수 있는 칵테일입니다. 저희 손님 중에는 집에 가기 전에 마지막 잔으로 주문하는 분들도 있습니다.

커피×커피! '최후의 한 잔'으로

내 입맛대로 섞어 마셔도 OK

## 칼루아 베리

[재료]
칼루아 20ml / 프랑부아즈 30ml / 우유 120ml

얼 음이 담긴 온더락 글라스에 칼루아, 프랑부아즈를 따르고, 마지막에 우유를 붓는다. 층이 분리된 상태로 손님에게 제공하고, 취향에 따라 섞어 마시도록 한다.

**마스터의 메모**

달콤한 칼루아와 신맛이 나는 프랑부아즈가 만나 조화롭게 맛있는 칵테일이 되었습니다. 저희 가게에서도 인기가 좋은 칵테일 중 하나입니다. 각 재료의 매력이 살아 있습니다.

## 그린 칼피스

[재료]
미도리 20ml / 칼피스 30ml / 소다 120ml

먼 저 얼음이 담긴 잔에 미도리와 칼피스를 넣고 잘 섞는다. 그 위로 소다를 천천히 붓고 가볍게 젓는다. 취향에 따라 민트를 곁들여도 좋다.

어른용 칼피스 소다

**마스터의 메모**

간단히 말해 알코올이 들어간 멜론 맛 칼피스 소다입니다. 미도리는 과거엔 시즈오카현산 멜론만 사용했으며 품질이 매우 좋아 세계적으로 크게 성공한 일본 리큐어입니다. 포슬포슬한 거품이 입을 즐겁게 합니다.

빌드 칵테일 / 리큐어 베이스

보드카로 긴장감을 팍

## 멜론 볼

보통 · 달달함 · 언제든

[재료]
미도리 40ml / 보드카 20ml / 오렌지 주스 120ml / 레몬 슬라이스

얼음이 담긴 잔에 미도리, 보드카를 넣고 완전히 섞는다. 그 위로 오렌지 주스를 넣고 가볍게 젓는다. 마지막에 레몬 슬라이스를 넣는다.

**마스터의 메모**

미도리와 오렌지 주스만 섞어도 되긴 하지만 칵테일보다는 주스 같은 느낌입니다. 역시 칵테일인데 술맛이 안 나면 아쉽지요. 그래서 보드카를 추가해 맛은 방해하지 않으면서 알코올 도수는 높였습니다.

## 미도리 스푸모니

약함 · 산뜻함 · 언제든

[재료]
미도리 30ml / 자몽 주스 45ml / 토닉워터 90ml / 레몬 슬라이스

얼음이 담긴 잔에 미도리와 자몽 주스를 따르고 잘 섞는다. 그 위로 탄산이 날아가지 않도록 조심스럽게 토닉워터를 붓고 가볍게 젓는다. 마무리로 레몬 슬라이스를 넣는다.

**마스터의 메모**

역시나 실패가 없는, 자몽 주스와 토닉워터를 조합한 '모니 스타일'입니다. 게다가 모니 스타일과 미도리의 궁합도 최고랍니다. 단맛과 신맛이 절묘하게 어우러져 산뜻한 맛이 납니다. 꼭 한번 마셔보길 바랍니다.

역시 '모니 스타일'

과일 향 가득!

# 시칠리안 키스

강함 / 달달함 / 식후

[재료]
서던 컴포트 40ml / 아마레토 20ml

**서**던 컴포트와 아마레토를 얼음이 담긴 온더락 글라스에 따르고 잘 젓는다.

**마스터의 메모**

서던 컴포트는 버번 베이스의 복숭아 리큐어로, 레몬, 허브, 과일 등이 잔뜩 들어갑니다. 그래서 온더락으로 마셔도 맛있는 리큐어입니다. 여기에 아마레토가 더해져서 알코올 도수는 높은 편이지만 달콤한 칵테일이 됩니다.

# 쏘코 진저

약함 / 달콤함 / 언제든

[재료]
서던 컴포트 30ml / 진저에일 120ml / 레몬 슬라이스

**가**장 먼저 서던 컴포트를 잔에 따르고 얼음과 섞는다. 진저에일을 천천히 붓고 가볍게 젓는다. 마지막에 레몬 슬라이스를 넣는다.

**마스터의 메모**

제가 좋아하는 칵테일 중 하나입니다. 개인적으로 서던 컴포트와 콜라는 잘 안 어울린다고 생각하는데, 만약 서던 컴포트와 탄산을 조합해야 한다면 진저에일을 고를 것입니다. 칵테일을 별로 마셔본 적 없는 분들, 카시스 오렌지 같은 틀에 박힌 칵테일에 질린 분들을 새로운 칵테일의 세계로 안내해줄 것입니다.

'뻔한 칵테일에 질린 이들'에게 알려주고 싶은 맛

**빌드** 칵테일 / 리큐어 베이스

야유를 잠재우는 맛있음

## 볼 파크

( 보통 )  ( 달콤함 )  ( 언제든 )

[재료]
서던 컴포트 30ml / 테네시 위스키 15ml /
소다 120ml / 레몬 슬라이스

얼음이 담긴 잔에 서던 컴포트와 테네시 위스키를 따르고 잘 섞는다. 그 위로 조심스럽게 소다를 붓고 가볍게 젓는다. 마지막에 레몬 슬라이스를 넣는다.

> **마스터의 메모**
> 한때, 서던 컴포트의 베이스가 버번 위스키가 아니라 스피릿으로 바뀌었던 적이 있습니다. 맛이 떨어졌다고 일본에서도 혹평이 이어졌을 정도였는데요(지금은 버번 베이스로 돌아왔습니다). 이때 버번 베이스의 서던 컴포트가 사라진 것에 항의하기 위해 만들어진 칵테일입니다.

---

## 프랑부아즈 칼루아

( 보통 )  ( 달콤함 )  ( 식후 )

[재료]
프랑부아즈 30ml / 칼루아 20ml / 우유 120ml

얼음이 담긴 온더락 글라스에 프랑부아즈 →칼루아 순으로 재료를 따르고 제대로 섞은 다음 우유를 천천히 부어준다. 층이 분리된 상태로 손님에게 제공하고, 취향에 맞게 저어 마시도록 한다.

프랑부아즈의 잠재력을 알려준다

> **마스터의 메모**
> 일본에서는 카시스가 대세이긴 하지만, 기회가 된다면 프랑부아즈 리큐어도 활용해보시기 바랍니다. 정말 맛있습니다. 프랑부아즈가 카시스보다 산미가 있어서 색깔도 예쁘게 나옵니다. 칼루아+카시스+우유보다도 이 조합이 더 잘 어울립니다.

카시스 자몽을 좋아한다면 도전해보세요!

## 프랑부아즈 자몽

약함  달달함  언제든

[재료]
프랑부아즈 30ml / 자몽 주스 120ml / 레몬 슬라이스

얼음이 담긴 잔에 프랑부아즈, 자몽 주스를 따르고 잘 젓는다. 마지막에 레몬 슬라이스를 넣는다.

**마스터의 메모**

카시스 자몽이 질린다면 꼭 시도해보길 바라는 칵테일입니다. 카시스 자몽을 좋아하는 분이라면 틀림없이 푹 빠질 것입니다. 만드는 법도 간단해서 재료만 있으면 집에서도 손쉽게 만들 수 있습니다.

## 프랑부아즈 복숭아 칼피스

약함  달달함  식후

[재료]
프랑부아즈 30ml / 복숭아 리큐어 15ml / 칼피스 15ml / 소다 120ml

얼음이 담긴 잔에 프랑부아즈, 복숭아 리큐어, 칼피스를 넣고 섞는다. 이어 천천히 소다를 붓고 가볍게 젓는다.

**마스터의 메모**

카시스 칼피스는 워낙 유명해서 많이들 드시지요. 이번엔 카시스가 아니라 프랑부아즈를 사용해보았습니다. 프랑부아즈의 산미를 복숭아 맛이 보완하는 한편, 달콤한 칼피스를 넣고 소다를 부어 프랑부아즈의 산미가 희석되는 느낌이지만 재밌는 조합이면서도 맛있습니다.

프랑부아즈의 색다른 매력

**빌드**
칵테일 / 리큐어 베이스

'카시스 비어는 달게' 느껴지는 당신에게

## 라즈베리 스네이크 바이트

 보통　 달달함　 언제든

[재료]
프랑부아즈 30ml / 카시스 15ml / 맥주 180ml

**잔**에 프랑부아즈와 카시스를 넣고 잘 젓는다. 그 위로 잔을 채우듯이 맥주를 따른다.

> **마스터의 메모**
> 카시스 비어라는 칵테일도 있는데 종종 너무 달다는 말을 듣기도 합니다. 그렇다면 여기에 프랑부아즈를 넣어보세요. 산미가 더해지며 단맛이 중화되어 더 맛있게 마실 수 있습니다.

---

## 보치 볼

 보통　 달달함　 언제든

[재료]
아마레토 30ml / 오렌지 리큐어 30ml / 소다 120ml / 오렌지 슬라이스 / 마라스키노 체리

**얼**음이 담긴 잔에 아마레토, 오렌지 리큐어를 따르고 잘 섞는다. 그 위로 소다를 붓고 가볍게 젓는다. 마지막에 오렌지 슬라이스와 마라스키노 체리를 장식한다.

> **마스터의 메모**
> 매우 유명한 칵테일 중 하나입니다. 아마레토와 오렌지 리큐어를 섞는 것만으로도 이미 맛있는데, 여기에 탄산을 넣어 청량하고 더 맛있어졌습니다. 잔디 위에서 하는 볼링을 보치 볼이라고 하는데, 여기서 칵테일의 이름이 유래했습니다.

탄산으로 청량감을 더해보자

행인두부를 좋아한다면 꼭!

# 아마레토 진저

약함 　 달콤함 　 언제든

[재료]
아마레토 30ml / 진저에일 120ml / 레몬 슬라이스

얼음이 담긴 잔에 아마레토와 진저에일을 넣고 가볍게 젓는다. 마지막에 레몬 슬라이스를 넣는다.

**마스터의 메모**

아마레토 진저는 최근 들어 주문이 많은 칵테일입니다. 살구 맛 생강 같은 느낌으로, 뒷맛이 좋고 깔끔하게 맛있습니다. 행인두부(중국과 일본에서 즐겨 먹는 전통 푸딩-옮긴이) 맛을 싫어하지 않는다면 남녀노소 누구나 맛있게 마실 수 있을 것입니다.

## Column 2 [슬기로운 바 생활]

첫 바 방문을 앞두고 바에서 어떻게 행동하는 게 매너인지 고민이신가요? 바의 분위기는 그 공간에 함께 있는 사람들에 의해 좌우되므로, 서로를 위한 약간의 매너가 필요합니다. 그렇다면 바에서 해서는 안 될 비매너 행동에는 무엇이 있을까요?

첫 번째, 소란스럽게 행동하지 않기.

바는 술을 마시는 공간이지요. 이미 어느 정도 취한 상태에서 2차, 3차로 바에 갈 때도 있습니다. 이때 취기가 올라 목소리가 커지기 쉬운데, 너무 큰 소리를 내지 않도록 주의가 필요합니다. 또, 다른 손님에게 함부로 말을 거는 것도 삼가야 하지요. 영화나 드라마에 나오는 "저쪽 손님이 내셨습니다" 같은 행동도 하지 않는 편이 현명합니다. 마지막으로 건배할 때는 잔끼리 부딪쳐 소리를 내기보다는 가볍게 잔을 들어 올리기만 해도 충분합니다.

두 번째, 마음대로 앉지 않기.

전체적인 바 분위기의 통제권은 바텐더에게 있는데요. 자리 배치도 여기에 포함됩니다. 가게에 들어왔다면 바텐더의 안내를 받고 자리에 앉도록 합시다. 만약 바텐더가 편한 자리에 앉으라고 한다면, 카운터 끝자리를 추천합니다. 가게 모습이 한눈에 들어오는 명당일 가능성이 높기 때문입니다. 다만, 그 자리는 단골이 있을 수 있으므로 바텐더에게 미리 확인하는 것이 좋습니다.

세 번째, 멋대로 만지고 사진 찍지 않기.

가게의 물건을 만질 때는 반드시 허락을 구합시다. 만지다가 망가뜨리면 서로 곤란하기 때문입니다. 그리고 최근에는 스마트폰으로 칵테일 사진을 찍는 손님도 많은데요. 그러다가 다른 손님이 찍히기도 하다 보니 혹시 모를 문제 상황을 피하기 위해서라도 주변을 살펴주시고, 가게 직원에게 간단하게 양해를 구해보셔도 좋을 듯합니다.

네 번째, 주문하지 않고 오래 앉아 있지 않기.

바에는 암묵적인 룰이 하나 있는데, 적어도 한 사람당 한 잔을 주문하는 것입니다. 일행과 나눠 마시기는 되도록 자제해주세요. 샷 칵테일은 10분, 롱 칵테일은 20~30분 정도로 봅니다. 가게에 오래 머물러도 되지만, 칵테일도 다 마셨고 가게가 붐비기 시작했다면 다음 손님을 위한 배려로 자리를 비워주는 것은 어떨까요?

바에서의 매너에 대해 가볍게 살펴보았는데요. 좋은 공간을 만들기 위한 기본 예절과 배려를 잊지 않는다면, 바는 누구에게나 열린, 유쾌한 장소가 될 것입니다. 함께 안락한 바의 분위기를 만들어갑시다. 너무 고민 말고 방문해보세요.

Chapter **4**

# 나 오늘따라 더
# 멋있어 보이지 않아?
# 오늘 당장 가능한 셰이크 칵테일

칵테일의 묘미는 역시 셰이크 칵테일이지요.
이번 장에서는 셰이크 기법으로 만드는 다양한 칵테일을 소개합니다.

셰이크 칵테일 / 진 베이스

황금 레시피의 시작

## 화이트 레이디

( 보통 )　( 산뜻함 )　( 언제든 )

[재료]
진 30ml / 쿠앵트로 15ml / 레몬 주스 15ml

얼음이 담긴 셰이커에 진, 쿠앵트로, 레몬 주스를 넣고 셰이크한 다음 잔에 따라 낸다.

**마스터의 메모**

유명한 진 베이스의 셰이크 칵테일 중 하나입니다. **쿠앵트로와 레몬 주스의 조합은 정석 중 정석**으로, '화이트 레이디 계열'로 분류됩니다. 그리고 화이트 레이디는 술+쿠앵트로+레몬 주스라는 황금 레시피를 기본으로 하는 칵테일입니다. 세계 최초로 칵테일 관련 책을 출판했던 바텐더 해리 맥켈혼이 만든 칵테일이라고 합니다.

## 블루 문

( 강함 )　( 산뜻함 )　( 언제든 )

[재료]
진 30ml / 파르페 아무르 15ml / 레몬 주스 15ml

진, 파르페 아무르, 레몬 주스를 얼음이 담긴 셰이커에 넣고 셰이크한 다음 잔에 따른다.

**마스터의 메모**

파르페 아무르가 들어가 색깔도 예쁜데 향기도 좋아서 여성분들이 좋아하는 칵테일입니다. 달에 한 번밖에 못 보는 보름달을 1년에 한 번만 같은 달에 두 번 볼 수 있는 것을 블루 문이라고 합니다. '희귀한 일', '거의 일어나지 않는 일'이라는 점에서 '이루어지지 않은 사랑'이라는 뜻이 있습니다. 그래서 **고백을 거절할 때 주문하는 칵테일**이라고도 하네요.

'마시는 향수'에 숨겨진 메시지

달걀흰자는 확실히 풀어줄 것

## 핑크 레이디

보통 | 달달함 | 언제든

[재료]
진 45ml / 그레나딘 시럽 15ml / 레몬 주스 1tsp / 달걀흰자 1개

달걀흰자는 미리 거품기로 거품을 낸다. 얼음을 담은 셰이커에 거품을 낸 달걀흰자, 진, 그레나딘 시럽, 레몬 주스를 넣고 잘 셰이크한다. 음료를 잔에 따라낸다.

**마스터의 메모**

200년 전부터 전해지는 칵테일로, 런던에 있었던 '핑크 레이디'라는 무대의 마지막 공연 뒤풀이에서 출연한 여배우에게 헌정했다는 칵테일입니다. 그레나딘 시럽이 달아 진이 그렇게 강하게 느껴지지 않아서 마시기 편합니다. 다만, 달걀흰자가 잘 섞이지 않으면 맛이 없으므로 제대로 풀어주어야 합니다.

## 김렛

강한 편 | 드라이함 | 식후

[재료]
진 45ml / 코디얼 라임 주스 15ml

얼음을 담은 셰이커에 진, 코디얼 라임 주스를 넣고 셰이크한다. 음료를 잔에 따라낸다.

**마스터의 메모**

영국 해군이 긴 항해 중 비타민C를 보충하기 위해서 마시던 것에서 유래했다고 합니다. 처음에는 진과 라임을 얼음도 없이 섞기만 했었는데, 19세기 말부터 셰이크하기 시작하며 지금과 같은 레시피로 거듭났다고 합니다. 화이트 레이디와 어깨를 나란히 하는, 대표적인 진 베이스 셰이크 칵테일입니다.

송곳같이 감출 수 없는 존재감

셰이크 칵테일 / 진 베이스

자유롭게 '세상'을 삼켜버리자

## 어라운드 더 월드

강함    달달함    식후

[재료]
진 40ml / 그린 민트 10ml / 파인애플 주스 10ml / 민트 체리 절임

얼음을 담은 셰이커에 진, 그린 민트, 파인애플 주스를 넣고 셰이크한다. 음료를 잔에 따른 다음 민트 체리로 장식한다.

**마스터의 메모**

세계를 일주하는 비행기 운항이 시작되었던 해에 개최한 칵테일 콘테스트에서 우승한 칵테일입니다. 세계 일주를 의미하는 '어라운드 더 월드'라고 이름 지어졌습니다. 진, 민트 리큐어, 파인애플 주스의 용량이 정해져 있지만, **마시는 분의 기호에 따라 비율을 바꿔도 됩니다.**

---

## 푸른 산호초

강함    약간 달콤함    언제든

[재료]
진 40ml / 그린 민트 20ml / 설탕 조금 / 레드 체리

진, 그린 민트, 설탕을 얼음과 함께 셰이크한 다음 잔에 따른다. 레드 체리로 장식해 마무리한다.

'시원한 경치'가 잔 속에

**마스터의 메모**

일본 바텐더 협회에서 주관한 제2회 대회에서 우승한 칵테일로, 1950년에 만들어졌습니다. **초록색의 음료는 바다를, 빨간 체리는 섬과 산호초를 표현**한 것입니다.

입도 달달, 눈도 달달

## 멕시카노

보통  달달함  식후

[재료]
진 30ml / 아마레토 15ml / 딸기 리큐어 15ml / 오렌지 주스 60ml

셰이커에 진, 아마레토, 딸기 리큐어를 넣고 얼음과 함께 셰이크한다. 얼음이 담긴 잔에 내용물을 따른 다음, 그 위로 오렌지 주스를 붓고 가볍게 섞는다. 마지막에 장식해 꾸민다.

**마스터의 메모**

1990년 멕시코 바텐더 대회 롱 칵테일 부문 1위를 차지한 칵테일입니다. 진의 드라이한 맛에 아마레토와 딸기 리큐어의 단맛, 그리고 오렌지 주스를 더해 달콤하면서도 풍부한 과일 향을 자랑합니다. 술을 잘 못하는 분들도 마시기 편한 칵테일입니다.

## 롤리타

강한 편  달고 산뜻함  언제든

[재료]
진 40ml / 복숭아 리큐어 10ml / 라임 주스 15ml / 레드 체리

진, 복숭아 리큐어, 라임 주스를 넣고 얼음과 함께 셰이크한 다음 잔에 따른다. 레드 체리로 장식해 마무리한다.

**마스터의 메모**

일본 도쿄에 있는 <BAR 피가루>의 오리지널 칵테일입니다. 드라이 진, 복숭아 리큐어, 라임 주스가 들어가 달고 산뜻합니다. 예쁜 비주얼도 인상적입니다.

'사랑스럽기만' 하지 않아!

**셰이크 칵테일 / 진 베이스**

우유와 레몬의 찰떡궁합. 좋은 아침입니다!

## 카이칸 진 피즈

`보통`　`달달함`　`언제든`

[재료]
진 45ml / 우유 30ml / 레몬 주스 15ml / 시럽 1tsp / 소다 60ml

**얼**음이 담긴 셰이커에 진, 우유, 레몬 주스, 시럽을 넣어 셰이크한다. 내용물을 얼음이 들어간 잔에 따른다. 그 위로 천천히 소다를 붓고, 취향에 따라 자른 레몬이나 민트로 장식한다.

**마스터의 메모**

마루노우치에 있는 도쿄회관(도쿄카이칸)에서 만들어진 칵테일입니다. 이곳은 옛날에 미국 장교들이 사교장으로 이용했었다네요. 아침에 마시는 모닝 칵테일로 알려졌는데, 아침부터 술을 마시는 것처럼 보이지 않으려고 우유를 넣어 위장했던 것이 이 칵테일의 시작입니다.

## 5517

`보통`　`달달함`　`식후`

[재료]
진 30ml / 미도리 15ml / 라임 주스 15ml / 화이트 민트 2dash / 민트

**진**, 미도리, 라임 주스, 화이트 민트를 얼음과 함께 셰이크한 다음 잔에 따른다. 취향에 따라 민트를 곁들여도 좋다.

**마스터의 메모**

긴자에 있는 미카사회관은 90년의 역사를 가진 노포 레스토랑으로, 일본 요리부터 프랑스 요리, 이탈리아 요리, 중국 요리까지 다양한 음식을 제공합니다. 이 중 <Bar 5517>이라는 가게 이름을 딴 오리지널 칵테일입니다. 미도리, 라임 주스에 화이트 민트가 더해져 아주 균형 잡힌 맛을 선보입니다.

'긴자의 밤'을 드셔보시겠어요?

'비주얼'도, 맛도 좋다!

# 그랑 블루

보통 　 산뜻함 　 언제든

[재료]
진 20ml / 파인애플 주스 20ml / 블루 큐라소 15ml / 파르페 아무르 5ml / 레몬 주스 5ml

진, 파인애플 주스, 블루 큐라소, 파르페 아무르, 레몬 주스를 셰이크한 다음 얼음이 담긴 잔에 따른다. 색감을 위해 레몬을 장식해도 좋다.

### 마스터의 메모

파인애플의 단맛 뒤에 파르페 아무르의 제비꽃 향기가 부드럽게 풍깁니다. 풍부한 과일 향과 달고 산뜻한 맛 덕분에 정말 마시기 편한 칵테일입니다.

---

### 마스터의 혼잣말

## 칵테일은 타이밍도 중요하다

바에서 마시는 칵테일은 샷 드링크라면 10분 정도, 롱 드링크라면 20분 정도 안에 마시는 것이 일반적입니다. 가게에 1시간 머무른다고 하면 3잔 정도는 주문하는 것이 좋습니다.

일반 술집에서 마실 때와는 다르게 시간을 들여 마시기 때문에, 소다나 토닉워터 등 탄산이 들어간 칵테일을 만들 때는 최대한 탄산이 날아가지 않도록 세심한 주의를 기울입니다. 소다를 얼음 사이에 천천히 붓고 바 스푼을 넣어 얼음을 들어 올려서 반 정도만 회전시키는 등 조심스럽게 칵테일을 만듭니다.

다만, 상황에 따라 방식을 바꾸기도 합니다. 토닉워터가 들어갔다면 마구 저어 섞어야 첫 모금이 맛있기 때문입니다. 목이 너무 마른 나머지 첫 잔인 진 토닉을 두세 모금 만에 다 마셔버리는 손님에게는 이 방법이 잘 맞습니다.

반대로 식사를 한 후 느긋하게 진 토닉을 즐기고 싶은 분에게 마구 저어 만든 칵테일을 내면 탄산이 바로 날아가버리기 때문에 좋아하지 않습니다. 이처럼 칵테일은 타이밍도 매우 중요합니다.

외부 온도나 실내 온도, 그때의 기분에 따라 느낌이 달라지고, 타이밍에 따라 정답이 달라지기도 하는 것이 바로 칵테일의 묘미입니다.

셰이크 칵테일 / 보드카 베이스

## 카미카제

강한 편 / 드라이함 / 언제든

[재료]
보드카 45ml / 쿠앵트로 1tsp / 라임 주스 15ml

강한 알코올 향을 원한다면

보드카, 쿠앵트로, 라임 주스와 얼음을 셰이커에 넣고 셰이크한다. 얼음이 담긴 온더락 글라스에 내용물을 따른다.

**마스터의 메모**
카미카제 특공대에서 유래한 칵테일이지만 만든 사람은 미국 사람입니다. 미국인이 이 칵테일을 마셨을 때 날카로운 맛이 카미카제 특공대를 떠오르게 한다고 하여 이렇게 이름을 붙였다고 합니다.

## 시 브리즈

보통 / 달달함 / 언제든

[재료]
보드카 30ml / 자몽 주스 60ml / 크랜베리 주스 60ml

얼음을 담은 셰이커에 보드카, 자몽 주스, 크랜베리 주스를 넣고 셰이크한다. 내용물을 잔에 따라낸다. 취향에 따라 자른 레몬을 넣는다. 기본적으로는 셰이크 기법으로 만들지만, 롱 스타일로 만들기도 한다.

**마스터의 메모**
1970년대부터 1980년대까지 미국 서해안에서 큰 인기를 끈 칵테일입니다. 자몽 주스와 크랜베리 주스가 들어가 깔끔하고 상큼한 맛이 나며, '여름의 산들바람' 같은 이미지입니다. 특히 여성에게 인기가 좋은 칵테일입니다.

'미국 서해안'으로 떠나고 싶어지는 맛

열대의 '정열'을 느껴보자

## 섹스 온 더 비치

보통 / 달달함 / 식후

[재료]
보드카 15ml / 멜론 리큐어 20ml / 프랑부아즈 10ml / 파인애플 주스 80ml

보드카, 멜론 리큐어, 프랑부아즈를 얼음과 함께 셰이커에 넣고 셰이크한 다음 얼음이 담긴 잔에 따른다. 그 위로 파인애플 주스를 붓는다. 취향에 따라 자른 레몬, 파인애플, 민트 등으로 장식한다.

**마스터의 메모**

톰 크루즈 주연의 영화 <칵테일>에 등장하며 널리 알려진 칵테일입니다. 프랑부아즈의 새콤달콤함에 파인애플 주스의 단맛을 더했으며, 멜론 리큐어의 향을 입혀 열대 느낌이 물씬 납니다.

## 발랄라이카

강함 / 드라이함 / 언제든

[재료]
보드카 30ml / 쿠앵트로 15ml / 레몬 주스 15ml

얼음을 담은 셰이커에 보드카, 쿠앵트로, 레몬 주스를 넣고 셰이크한다. 내용물을 잔에 따른다.

**마스터의 메모**

레시피를 보면 알 수 있듯이, 화이트 레이디에서 파생된 칵테일입니다. 기본 레시피라 마시기 편하지만, 나중에 보드카가 올라오기 때문에 조심할 필요가 있습니다. 깔끔한 맛입니다. 참고로 발랄라이카는 러시아의 민속 악기입니다.

입안에 퍼지는 시원함, 그리고 깔끔함

147

셰이크 칵테일 / 보드카 베이스

'분위기'와 '깊은 풍미'의 절묘한 균형

## 설국

( 강함 )　( 달고 드라이함 )　( 언제든 )

[재료]
보드카 40ml / 쿠앵트로 20ml / 라임 주스 2tsp / 설탕 / 민트 체리 절임 / 스노우 스타일

스노우 스타일 연출을 위해 설탕을 잔 테두리에 묻힌다. 얼음을 담은 셰이커에 보드카, 쿠앵트로, 라임 주스를 넣어 셰이크한 다음 잔에 따른다. 마지막에 민트 체리로 장식한다.

**마스터의 메모**

1958년 산토리가 주최한 칵테일 콘테스트의 1위에 빛나는 칵테일입니다. 전설의 바텐더라 불리는 야마가타현의 이야마 케이이치가 만들었습니다. 단맛과 신맛이 조화로운 균형을 이루며, 입안에 퍼지는 맛이 좋아 인기가 많습니다.

---

## 블루 라군

( 보통 )　( 산뜻함 )　( 언제든 )

[재료]
보드카 30ml / 블루 큐라소 20ml / 레몬 주스 20ml / 오렌지(레몬) 슬라이스 / 마라스키노 체리

셰이커에 얼음을 담고 보드카, 블루 큐라소, 레몬 주스를 넣어 셰이크한다. 내용물을 얼음이 들어간 잔에 따른다. 마지막에 장식을 추가한다.

마시는 '절경'

**마스터의 메모**

1960년에 파리에서 만들어졌는데, 블루 라군은 '푸른 호수'란 뜻입니다. 이름을 참 잘 표현한 칵테일입니다. 블루 큐라소의 선명한 푸른색에 레몬이나 마라스키노 체리가 더해지면 사진 찍고 싶어지는 예쁜 칵테일로 거듭납니다.

달걀노른자+생크림=천국

## 아르카디아

(보통) (달달함) (식후)

[재료]
보드카 15ml / 미도리 15ml / 칼루아 15ml / 생크림 15ml / 달걀노른자 1개 / 초코칩 / 민트

**달**갈노른자를 먼저 잘 풀어둔다. 셰이커에 얼음을 담고 보드카, 미도리, 칼루아, 생크림, 달걀노른자를 넣어 제대로 셰이크한다. 내용물을 잔에 따른 다음 초코칩, 민트로 장식한다.

### 마스터의 메모

일본인 바텐더 신바시 기요시가 만든 칵테일로, 1993년 핀란디아 국제 칵테일 콘테스트 디저트 부문에서 우승을 거머쥐었습니다. '아르카디아'는 그리스어로 '이상향'을 의미합니다. 농후하고 풍부한 단맛이라 **단 음식을 좋아하는 분**에게는 **천국**이 펼쳐질지도 모르겠네요.

## 섹스 인 더 우드

(보통) (달달함) (식후)

[재료]
보드카 45ml / 아마레토 20ml / 티아 마리아 15ml / 파인애플 주스 80ml

**보**드카, 아마레토, 티아 마리아를 얼음과 함께 셰이커에 넣고 셰이크한 다음 얼음을 담은 잔에 따른다. 그 위로 잔을 채우듯이 파인애플 주스를 붓는다.

### 마스터의 메모

섹스 온 더 비치의 트위스트 칵테일입니다. 섹스 온 더 비치와 마찬가지로 파인애플 주스가 들어가지만, 여기에 아마레토와 티아 마리아를 추가하면서 **색이 어두워졌습니다**. 그래서 해변이 아니라 숲(woods)이라는 명칭이 붙었다고 하네요.

자아, '어슴푸레한 하늘을 닮은 열정'을 느껴보자

셰이크 칵테일 / 보드카 베이스

나만 알고 싶은 맛

## 퀘일루드

보통 · 달달함 · 식후

[재료]
보드카 30ml / 프란젤리코 15ml / 베일리스 15ml

셰이커에 얼음을 담고 보드카, 프란젤리코, 베일리스를 넣어 셰이크한다. 내용물을 잔에 따른다.

**마스터의 메모**
별로 유명하지는 않지만, 맛은 확실히 보장하는 칵테일입니다. 견과류 계열 리큐어인 프란젤리코와 크림 계열 리큐어인 베일리스가 만나 **최고의 궁합을 자랑합니다.**

## 에스푸아

보통 · 달달함 · 언제든

[재료]
보드카 30ml / 애프리콧 30ml / 진저에일 120ml / 라임

보드카, 애프리콧을 얼음과 함께 셰이크한 다음 얼음을 담은 잔에 따른다. 그 위로 진저에일을 붓고, 마지막에 라임을 넣는다.

달콤함에 속지 말 것! 강한 한 방이 온다!

**마스터의 메모**
애프리콧과 진저에일에 보드카가 들어가며 술이 세져서 **마시기 좋으면서도 펀치감 있는 칵테일**이 되었습니다. '에스푸아'는 프랑스어로 '희망'이라는 뜻으로, 이름은 같은데 레시피가 다른 칵테일이 있습니다. 현재는 오렌지 주스를 넣은 레시피가 많아졌습니다.

'최고의 칵테일'이라 불리는 이유

## XYZ

( 강한 편 ) ( 드라이함 ) ( 언제든 )

[재료]
럼 30ml / 쿠앵트로 15ml / 레몬 주스 15ml

**럼**, 쿠앵트로, 레몬 주스를 얼음과 함께 셰이커에 넣는다. 셰이크한 다음 잔에 따른다.

**마스터의 메모**

쿠앵트로+레몬 주스 조합의 화이트 레이디 스타일 칵테일이라 맛은 의심의 여지가 없습니다. 럼의 뒷맛을 좋아하는 사람이라면 화이트 레이디나 발랄라이카보다 XYZ를 더 추천합니다. 알파벳의 마지막 세 글자에서 따온 XYZ는 '이 이상은 없다'라는, 최고의 칵테일이라는 뜻입니다.

셰이크 칵테일 / 럼 베이스

## 쿠반

( 약간 강함 ) ( 약간 달콤함 ) ( 언제든 )

[재료]
럼 35ml / 애프리콧 15ml / 라임 주스 10ml / 그레나딘 시럽 1tsp

**셰**이커에 얼음을 담고 럼, 애프리콧, 라임 주스, 그레나딘을 넣어 셰이크한다. 내용물을 잔에 따른다.

'농밀'한 어른의 분위기가 물씬

**마스터의 메모**

'쿠반'은 '쿠바의', '쿠바 사람의'라는 뜻입니다. 쿠바는 럼 생산국으로 유명한데, 이 점을 전면에 드러낸 칵테일입니다. 애프리콧의 부드러운 향기와 그레나딘 시럽의 붉은빛으로 성숙한 분위기를 풍깁니다.

**셰이크** 칵테일 / **럼** 베이스

어떤 상황에든 어울리는 주스 같은 칵테일

## 코랄

보통 · 달달함 · 언제든

[재료]
럼 30ml / 애프리콧 10ml / 자몽 주스 10ml / 레몬 주스 10ml

셰이커에 럼, 애프리콧, 자몽 주스, 레몬 주스를 얼음과 함께 넣고 셰이크한 다음 잔에 따라낸다.

**마스터의 메모**

진한 과일 향과 부드러운 목 넘김으로 사랑받는 칵테일입니다. 애프리콧의 단맛을 자몽 주스와 레몬 주스가 산뜻하게 잡아주기 때문에, 어떤 상황이나 어떤 요리에도 비교적 잘 어울리는 칵테일입니다.

---

## 밀리어네어

보통 · 달달함 · 식후

[재료]
럼 15ml / 애프리콧 15ml / 슬로 진 15ml / 라임 주스 15ml / 그레나딘 시럽 1tsp

셰이커에 얼음을 담고 럼, 애프리콧, 슬로 진, 라임 주스, 그레나딘 시럽을 넣어 셰이크한다. 내용물을 잔에 따라낸다.

**마스터의 메모**

애프리콧, 슬로 진, 라임 주스를 사용하기 때문에 단맛과 신맛 모두 맛볼 수 있습니다. 밀리어네어는 '대부호'란 뜻으로 부자가 된 기분을 느낄 수 있는 칵테일이라고도 합니다.

'억만장자'의 부유함을

## 하바나 비치

새콤달콤한 '뜨거운 바람'을 느껴보세요

보통 · 달달함 · 언제든

[재료]
럼 30ml / 파인애플 주스 30ml / 설탕 1tsp

**럼**, 파인애플 주스, 설탕을 얼음과 함께 셰이커에 넣고 셰이크한 다음 잔에 따라 낸다.

**마스터의 메모**
럼 생산지로 유명한 쿠바의 수도, 하바나에서 이름이 유래한 칵테일입니다. 파인애플 주스가 들어가 풍부한 열대 과일 맛이 납니다.

---

## 트와일라잇 존

보통 · 달달함 · 언제든

[재료]
럼 30ml / 자몽 주스 30ml / 애프리콧 1tsp / 카시스 1/2tsp / 레드 체리

**셰**이커에 얼음을 담고 럼, 자몽 주스, 애프리콧, 카시스를 넣어 셰이크한다. 내용물을 잔에 따른 다음 취향에 따라 레드 체리로 장식한다.

녹아드는 듯한 '여명'을 만끽

**마스터의 메모**
1984년, 일본 바텐더 협회가 주최한 칵테일 경연의 창작 부문에서 바텐더 모리 다카오가 1위를 차지한 칵테일입니다. 독특한 빛깔로 보기에도 좋고, 적당하게 달콤해서 매우 마시기 편합니다.

**셰이크 칵테일 / 테킬라 베이스**

'몰래 간직한 슬픔'도 함께

## 마가리타

강함 　 드라이함 　 언제든

[재료]
테킬라 30ml / 쿠앵트로 15ml / 라임 주스 15ml /
스노우 스타일

노우 스타일로 잔 테두리에 소금을 묻힌다. 테킬라, 쿠앵트로, 라임 주스를 얼음과 함께 셰이커에 넣고 셰이크한 다음 잔에 따라낸다.

**마스터의 메모**

유명한 테킬라 셰이크 칵테일 중 하나입니다. 1949년에 미국인 쟝 듀레서가 고안한 칵테일로 같은 해 USA 내셔널 칵테일 콘테스트에서 입선하며 널리 알려졌습니다. 사냥터에서 유탄을 맞고 목숨을 잃었던, 듀레서의 젊은 시절 연인인 마가리타를 기리며 이름 붙였다고 합니다.

## 마타도르

보통 　 달달함 　 언제든

[재료]
테킬라 30ml / 파인애플 주스 45ml / 라임 주스 15ml

셰이커에 얼음을 담고 테킬라, 파인애플 주스, 라임 주스를 넣어 셰이크한다. 내용물을 얼음이 들어간 잔에 따라낸다. 취향에 따라 자른 파인애플을 장식한다.

**마스터의 메모**

파인애플 주스와 라임 주스의 단맛과 신맛이 어우러져 맛이 참 좋습니다. 테킬라가 안 맞는 분들도 편하게 마실 수 있을 정도입니다. 그러면서도 뒷맛으로 테킬라의 장점을 느낄 수 있답니다. 마타도르란 '투우사'라는 뜻입니다. 테킬라 칵테일은 이 외에도 '브레이브 불', '피카도르'와 같이 투우와 관련된 이름이 많습니다.

묵직한 스타일의 테킬라 칵테일, 용기 있는 한 잔

## 에버 그린

늘 푸른 산뜻함

 보통   달달함   식후

[재료]
테킬라 30ml / 제트 15ml / 갈리아노 10ml / 파인애플 주스 90ml / 자른 파인애플 / 마라스키노 체리 / 체리 민트

셰이커에 얼음, 테킬라, 제트, 갈리아노, 파인애플 주스를 넣고 셰이크한 다음 얼음까지 통째로 잔에 따라낸다. 자른 파인애플, 체리 등으로 장식한다.

**마스터의 메모**

과일 향이 풍부하면서도 산뜻한 맛이 특징입니다. 갈리아노, 제트와 같은 약초 계열 리큐어를 넣어 개운한 맛을 더했습니다. 열대 과일 같은 맛이 나는데 뒷맛은 깔끔한, 신기한 칵테일입니다.

## 모킹 버드

 약간 강함   달고 드라이함   식후

[재료]
테킬라 30ml / 제트 15ml / 라임 주스 15ml

셰이커에 얼음을 담고 테킬라, 제트, 라임 주스를 넣는다. 셰이크한 다음 잔에 따라낸다.

**마스터의 메모**

모킹 버드란 멕시코의 '말 따라 하는 새'라는 의미입니다. 테킬라 베이스에, 영롱한 초록빛을 띤다고 해서 이러한 이름이 붙었다고 합니다. 뒷맛이 묵직한 테킬라에 민트 향(제트)을 추가해 산뜻함을 주었습니다. 라임 주스도 들어가서 균형이 잘 맞습니다.

강한 펀치감을 민트로 부드럽게

셰이크 칵테일 / 테킬라 베이스

머리가 띵해지는 시원함, 마지막 한 방울까지

## 슬로 테킬라

`보통` `산뜻함` `언제든`

[재료]
테킬라 30ml / 슬로 진 15ml / 라임 주스 15ml

더락 글라스에 크러쉬드 아이스를 넣는다. 테킬라, 슬로 진, 라임 주스를 얼음과 함께 셰이크하고 얼음과 함께 잔에 따른다.

**마스터의 메모**
슬로 진과 테킬라는 정말 합이 좋습니다. 집에서 만들 때는 테킬라는 냉동고, 슬로 진은 냉장고에 넣어 차갑게 만들어두면 크러쉬드 아이스가 쉽게 녹지 않게 되어 마지막까지 맛있게 마실 수 있습니다.

## 아이스 브레이커

`보통` `산뜻함` `언제든`

[재료]
테킬라 30ml / 쿠앵트로 15ml / 자몽 주스 40ml / 그레나딘 시럽 5ml

테킬라, 쿠앵트로, 자몽 주스, 그레나딘 시럽을 얼음과 함께 셰이크한 다음 얼음을 담은 잔에 따른다.

서로에게 녹아들었습니다

**마스터의 메모**
쿠앵트로가 들어가서 테킬라 오렌지같이 오렌지 향을 풍기는 산뜻한 칵테일입니다. 그레나딘 시럽은 색깔을 내는 용도입니다. 아이스 브레이커는 '얼음을 부수는 물건'이라는 뜻으로, '녹다'라는 의미도 있습니다. 이름처럼 재료가 한데 잘 녹아들어 부드럽게 넘어갑니다.

**기품이 넘치는 자몽과 리치의 만남**

## 콘테사

( 보통 )  ( 달고 산뜻함 )  ( 언제든 )

[재료]
테킬라 30ml / 리치 리큐어 10ml / 자몽 주스 20ml

셰 이커에 얼음을 담고 테킬라, 리치 리큐어, 자몽 주스를 넣는다. 셰이크한 다음 잔에 따라낸다.

**마스터의 메모**

콘테사는 이탈리아어로 '백작 부인'이라는 뜻입니다. 자몽 주스와 리치는 확신의 조합입니다. 여기에 달콤한 향이 나는 테킬라를 섞어 균형을 맞춰 깊이 있는 단맛이 탄생했습니다.

## 티후아나 체리

( 보통 )  ( 달달함 )  ( 식후 )

[재료]
테킬라 30ml / 체리 브랜디 30ml / 레몬 주스 15ml

셰 이커에 얼음, 테킬라, 체리 브랜디, 레몬 주스를 넣고 셰이크한 다음 잔에 따라낸다.

**마스터의 메모**

체리 브랜디와 레몬 주스도 참 좋은 조합입니다. 이 조합으로 단맛을 냈는데, 여기에 테킬라의 단맛도 추가돼서 마시기 편한 칵테일이 되었습니다. 테킬라와 체리 브랜디가 1:1 비율로 들어가 테킬라의 강한 맛이 약하게 느껴져 단맛을 느낄 수 있습니다.

**체리와 레몬이라는 의외의 만남**

셰이크 칵테일 / 테킬라 베이스

테킬라의 좋은 점만 모아 모아!

## 매직 버스

보통   산뜻함   언제든

[재료]
테킬라 40ml / 쿠앵트로 20ml / 크랜베리 주스 30ml / 오렌지 주스 15ml

테킬라, 쿠앵트로, 크랜베리 주스, 오렌지 주스를 얼음과 함께 셰이크한 다음 잔에 따른다.

**마스터의 메모**

테킬라 40ml에 쿠앵트로가 20ml로, 꽤 많은 양의 쿠앵트로가 들어갑니다. 게다가 오렌지 주스와 크랜베리 주스도 들어가서 테킬라는 향만 나는 정도입니다. 과일 향이 더 진하게 느껴지기 때문에, 테킬라 다음 정도의 타이밍에 마시길 추천합니다.

## 이브 피치

보통   달고 산뜻함   언제든

[재료]
테킬라 40ml / 복숭아 주스 20ml / 오렌지 주스 30ml / 레몬 주스 15ml

얼음이 담긴 셰이커에 테킬라와 복숭아 주스, 오렌지 주스, 레몬 주스를 넣는다. 셰이크한 다음 잔에 따라낸다.

**마스터의 메모**

테킬라 칵테일을 만들 때는 테킬라의 좋은 점만 드러나도록 만듭니다. 테킬라와 주스만, 혹은 리큐어만 들어가면 맛의 균형이 무너지므로 먼저 궁합이 좋은 재료로 맛을 잡아줍니다. 가령, 이브 피치는 복숭아+오렌지=퍼지 네이블로 맛을 내고, 여기에 테킬라와 레몬으로 맛을 조율합니다. 나만의 칵테일을 만들 때도 이 법칙을 활용하면 맛있는 칵테일을 만들 수 있습니다.

겉보기엔 과일 향 일색, 사실은 테킬라인

## 처칠

`강함` `중간 맛` `언제든`

[재료]
스카치 위스키 30ml / 쿠앵트로 10ml /
스위트 베르무트 10ml / 레몬 주스 10ml

셰이커에 얼음을 담고 스카치 위스키, 쿠앵트로, 스위트 베르무트, 레몬 주스를 넣는다. 셰이크한 다음 잔에 따라낸다.

**마스터의 메모**
제2차 세계대전 중 영국의 수상 윈스턴 처칠에게 경의를 표하기 위해 만들어진 칵테일입니다. 처칠 수상의 대담한 이미지와는 다르게 섬세하고 우아한 맛이 느껴집니다. 쿠앵트로와 레몬 주스라는 최고의 조합에 스위트 베르무트가 단맛을 더해 실패 없는 맛이 되었습니다.

*부정할 수 없는 고급스러움*

## 뉴욕

`강함` `달고 드라이함` `언제든`

[재료]
버번 위스키 45ml / 라임 주스 15ml /
그레나딘 시럽 1/2tsp / 설탕 1tsp / 오렌지 껍질

셰이커에 버번 위스키, 라임 주스, 그레나딘 시럽, 설탕, 그리고 얼음을 넣고 셰이크한 다음 잔에 따른다. 마지막에 오렌지 껍질을 넣는다.

**마스터의 메모**
뉴욕의 석양을 표현한 칵테일입니다. 저녁 무렵 출항하는 호화 여객선에서 본 뉴욕의 야경을 표현했다고 하네요. 김렛의 진을 위스키로 바꾸고, 붉은 석양을 만들어내기 위해 그레나딘 시럽을 넣었습니다. 도수는 높지만 맛은 산뜻해 마시기 편합니다.

*미국 하면 위스키! '석양'이 보이나요?*

셰이크 칵테일 / 위스키 베이스

셰이크 칵테일 / 위스키 베이스

'잘난 척하는 법'도 알려줄게

## 하이 햇

( 보통 )  ( 달고 산뜻함 )  ( 언제든 )

[재료]
버번 위스키 40ml / 체리 브랜디 10ml /
자몽 주스 10ml / 레몬즙 1tsp

셰이커에 버번 위스키, 체리 브랜디, 자몽 주스, 레몬즙을 얼음과 함께 셰이커에 넣고 셰이크한 다음 잔에 따라낸다.

**마스터의 메모**

'하이 햇'이란 '잘난 척하는 사람', '젠체하는 사람'을 뜻합니다. 버번 위스키와 체리 브랜디는 정말 잘 어울리는데, 여기에 레몬즙을 넣어 맛의 균형을 잡아줍니다. 버번 위스키의 맛을 확실하게 맛볼 수 있는 와중에 체리 브랜디의 달콤함도 있고, 레몬의 산미도 더해져서 정말 맛있습니다. 뉴욕보다도 위스키의 장점을 즐길 수 있는 칵테일입니다.

---

## 샴록

( 강함 )  ( 살짝 드라이함 )  ( 언제든 )

[재료]
아이리시 위스키 30ml / 드라이 베르무트 30ml /
샤르트뢰즈 베르 3dash / 제트 3dash

셰이커에 얼음을 담고 아이리시 위스키, 드라이 베르무트, 샤르트뢰즈 베르, 제트를 넣는다. 셰이크한 다음 잔에 따라낸다.

토막상식: 샤르트뢰즈는 프랑스 브랜디에 약초 계통 리큐어로 중세에 만들어진 약으로 유명.

**마스터의 메모**

아일랜드의 국화에서 이름을 따온 아이리시 칵테일입니다. 민트 그린과 샤르트뢰즈라는 약초 계열 리큐어가 들어가서 복잡한 맛이 나 마시기 어려워하는 분들도 있을지 모르겠네요. 알코올 도수는 높은데 단맛은 적어서 술에 상당히 강한 분들께 권합니다.

이 '만만치 않은 친구'를 즐겨볼까?!

완벽한 맛의 균형

## 론리 하트

( 보통 )　( 달고 산뜻함 )　( 언제든 )

[재료]
버번 위스키 45ml / 애프리콧 10ml / 레몬 주스 10ml / 그레나딘 시럽 5ml / 앙고스투라 비터스 1dash

버번 위스키, 애프리콧, 레몬 주스, 그레나딘 시럽, 앙고스투라 비터스를 얼음과 함께 셰이커에 넣어 셰이크한 다음 잔에 따라 낸다.

**마스터의 메모**

버번 위스키의 단맛, 애프리콧의 달고 산뜻한 맛, 레몬 주스의 신맛, 그레나딘 시럽의 달콤한 맛, 그리고 앙고스투라 비터스의 씁쓸한 맛이 어우러져 균형을 잡힌 맛을 냅니다. 마이너한 칵테일이라 모르는 사람이 많지만, 단맛, 신맛, 쓴맛의 균형이 조화로운 칵테일입니다.

## 노르망디 잭

( 강함 )　( 달고 산뜻함 )　( 언제든 )

[재료]
잭다니엘 45ml / 칼바도스 20ml / 레몬 주스 15ml / 시럽 10ml

셰이커에 얼음을 담고 잭다니엘, 칼바도스, 레몬 주스, 시럽을 넣는다. 셰이크한 다음 잔에 따라낸다.

**마스터의 메모**

잭다니엘과 칼바도스라는 애플 브랜디를 사용하기 때문에 향이 정말 좋습니다. 여기에 레몬 주스의 산미와 시럽의 단맛을 추가해 무게감 있는 단맛을 느낄 수 있습니다. 애플 브랜디 정도의 산뜻함이 뒤따라오며 완성된 레시피입니다. 마이너한 칵테일이지만 개인적으로 좋아하는 칵테일입니다.

달콤하고, 달콤하고, 상쾌하다!

**셰이크 칵테일 / 위스키 베이스**

엇, 의외로 부드럽네?

## 알폰소 카포네

( 보통 ) ( 달달함 ) ( 식후 )

[재료]
버번 위스키 25ml / 그랑 마르니에 15ml /
멜론 리큐어 10ml / 생크림 10ml

셰이커에 버번 위스키, 그랑 마르니에, 멜론 리큐어, 생크림을 얼음과 함께 넣고 셰이크한 다음 잔에 따라낸다. 생크림이 들어가기 때문에 제대로 셰이크할 것.

마스터의 메모

금주법 시대, 미국의 갱 '알폰소 가브리엘 카포네(알 카포네)'의 이름에서 유래한 칵테일입니다. 이름 때문에 센 칵테일이라고 생각할 수도 있지만, 달고 부드러운데 버번 위스키의 향도 확실히 맡을 수 있는 칵테일입니다. 술이 약한 사람도 멋지게 마실 수 있어서, 마이너한 칵테일이지만 추천합니다.

## 위스키 사워

( 보통 ) ( 산뜻함 ) ( 언제든 )

[재료]
위스키 45ml / 레몬 주스 20ml / 시럽 5ml /
레몬(혹은 오렌지) 슬라이스 / 레드 체리

셰이커에 얼음을 담고 위스키, 레몬 주스, 시럽을 넣는다. 셰이크한 다음 잔에 따라낸다. 레몬(혹은 오렌지) 슬라이스, 체리 등으로 장식한다. 장식은 없어도 괜찮다.

마스터의 메모

다양한 레시피가 있는데, 그중 달걀흰자를 넣는 것이 있습니다. 그러면 부드럽게 맛있어집니다. 만약 달걀흰자를 넣고 싶다면, 셰이크하기 전에 거품기로 달걀흰자를 풀어주세요. 거품기가 없다면 먼저 얼음을 넣지 않은 채 셰이크해서 한 번 섞어준 다음 얼음을 넣어 다시 셰이크하길 추천합니다.

레시피는 하나가 아니다. 왕도가 보여주는 회심의 깊은 맛

'제대로 취하고' 싶다면 이것!

## 허리케인

`강한 편`  `산뜻함`  `식후`

[재료]
위스키 15ml / 드라이 진 15ml / 화이트 민트 15ml / 레몬 주스 15ml

**위**스키, 드라이 진, 화이트 민트 리큐어, 레몬 주스를 얼음과 함께 넣고 셰이크한 다음 잔에 따라낸다.

**마스터의 메모**
위스키, 진, 민트의 비율이 1:1:1이라서 처음에는 상쾌한 맛이 확 퍼집니다. 그러면서 술도 센 편이라 허리케인이라는 이름처럼 취할 수 있는 칵테일입니다.

---

## 사이드 카

`강함`  `달고 드라이함`  `언제든`

[재료]
브랜디 30ml / 쿠앵트로 15ml / 레몬 주스 15ml

**얼**음을 담은 셰이커에 브랜디, 쿠앵트로, 레몬 주스를 넣는다. 셰이크한 다음 잔에 따라낸다.

**마스터의 메모**
브랜디 베이스의 셰이크 칵테일이라고 하면 역시 사이드 카를 빼놓을 수 없지요. 술과 쿠앵트로와 레몬 주스가 2:1:1 비율인 올드 스타일입니다. 1900년쯤에 런던에서 만들어졌다고 하며, 탄생 비화나 제조 에피소드가 여러 개 있을 정도로 인기 있는 칵테일입니다. 분명 맛있을 테니 꼭 한번 마셔보세요.

에피소드 부자. '아아, 옛날이여'

셰이크 칵테일 / 위스키 베이스 · 브랜디 베이스

셰이크 칵테일 / 브랜디 베이스

브랜디 베이스인데도 계속 홀짝홀짝

## 큐반 칵테일

강함 / 달달함 / 언제든

[재료]
브랜디 30ml / 애프리콧 15ml / 라임 주스 15ml

셰이커에 브랜디, 애프리콧, 라임 주스를 얼음과 함께 넣고 셰이크한 다음 잔에 따라낸다.

**마스터의 메모**

럼 베이스인 쿠바노라는 칵테일과 헷갈리기 쉬운데, 전혀 다른 칵테일이니 틀리지 않도록 주의해주세요. 브랜디 베이스에 애프리콧과 라임 주스가 들어가 맛이 좋습니다. 사이드 카가 안 맞았던 분들은 큐반 칵테일이 조금 더 마시기 편할 거예요.

## 알렉산더

보통 / 달달함 / 식후

[재료]
브랜디 30ml / 카카오 브라운 15ml / 생크림 15ml

생크림, 브랜디, 카카오 브라운을 얼음과 함께 셰이커에 넣어 셰이크한다. 생크림이 들어갔기 때문에 제대로 셰이크한 다음 잔에 따른다.

**마스터의 메모**

영국 국왕 에드워드 7세가 총애한 알렉산드라 왕비에게 바친 칵테일입니다. 식사 후에 마시는 칵테일로 일본에서도 유명하며, 저희 가게에서도 주문이 많습니다. 애초에 왕이 술을 잘 마시지 못하는 아내도 마실 수 있도록 만든 순한 칵테일이라서 술이 약한 분, 브랜디가 안 맞는 분들에게도 추천합니다.

카카오와 생크림의 만남이란...

화이트 페퍼민트라서 가능한 개운함

## 스팅어

`강함`  `드라이함`  `식후`

[재료]
브랜디 40ml / 화이트 페퍼민트 20ml

셰이커에 얼음을 담고 브랜디와 화이트 페퍼민트를 넣는다. 셰이크한 다음 잔에 따라낸다.

**마스터의 메모**

스팅어는 '바늘'이라는 뜻인데, 이름처럼 날카로운 맛이 특징입니다. 브랜디의 감칠맛과 화이트 페퍼민트의 찌르는 듯한 상쾌함을 맛볼 수 있습니다. 집에서 마실 때는 셰이크하지 않고 온더락 글라스에 넣어 빌드 기법으로 만들어도 맛있습니다. 얼음을 넣으면 느긋하게 마실 수 있어서 좋습니다.

## 올림픽

`보통`  `약간 달콤함`  `언제든`

[재료]
브랜디 20ml / 쿠앵트로 20ml / 오렌지 주스 20ml

브랜디, 쿠앵트로, 오렌지 주스를 얼음과 함께 셰이커에 넣고 셰이크한 다음 잔에 따라낸다.

**마스터의 메모**

파리의 고급 호텔 '호텔 리츠'에서 탄생한, 정말 유명한 칵테일입니다. 1900년 파리 올림픽을 기념해 만들어진 칵테일이어서 '올림픽'이라는 이름이 붙었습니다. 쓴맛이 있는 오렌지 리큐어(쿠앵트로)를 오렌지 주스로 잡고, 브랜디의 감칠맛으로 뒷맛을 좋게 해 맛의 균형을 잘 이룹니다. 빌드 기법으로 만들어도 맛있습니다.

든든한 오렌지의 백업

**셰이크 칵테일 / 브랜디 베이스**

## 체리 블로섬

 강한 편    달달함    언제든

[재료]
브랜디 30ml / 체리 브랜디 30ml /
쿠앵트로·그레나딘 시럽·레몬 2dash

셰이커에 얼음, 브랜디, 체리 브랜디, 쿠앵트로, 그레나딘 시럽, 레몬을 넣고 셰이크한 다음 잔에 따라낸다.

**마스터의 메모**

요코하마의 명문 바 <파리>의 주인 다오다 사부로가 만든 칵테일입니다. 체리 블로섬은 벚꽃이라는 뜻이지만, **벚꽃보다는 체리 같은 색을 띱니다**. 아마도 이 칵테일이 만들어질 당시에는 분홍색을 내는 재료를 찾기 어려웠기 때문일 것입니다. 체리 브랜디가 많이 들어가서 브랜디의 감칠맛을 나중에 느낄 수 있습니다. 체리 브랜디가 메인인 드문 칵테일입니다.

*봄이 아니어도 벚꽃은 핀다*

## 비트윈 더 시트

 강함    달고 드라이함    자기 전

[재료]
브랜디 20ml / 화이트 럼 20ml / 쿠앵트로 20ml /
레몬 1tsp

셰이커에 얼음을 담고 브랜디, 화이트 럼, 쿠앵트로, 레몬을 넣는다. 셰이크한 다음 잔에 따라낸다.

*잠을 부르는 한 잔*

**마스터의 메모**

'침대로 들어간다'라는 뜻의 칵테일로, 이름처럼 **자기 전에 마시기 좋은 칵테일**이라고 생각합니다. 알코올 도수는 높아도 신맛과 단맛이 있어 맛이 좋아 가볍게 마실 만합니다. 유명한 사이드 카에 럼을 추가했을 뿐이라 어느 정도 예상되는 맛입니다.

너무 달지 않도록

## 잭 인 더 박스

 보통     달달함     언제든

[재료]
칼바도스 45ml / 파인애플 주스 30ml /
레몬 주스 15ml / 앙고스투라 비터스 2dash

**칼**바도스, 파인애플 주스, 레몬 주스, 앙고스투라 비터스를 얼음과 함께 셰이커에 넣는다. 셰이크한 다음 잔에 따라낸다.

**마스터의 메모**

칼바도스는 애플 브랜디입니다. 여기에 파인애플 주스와 레몬 주스가 들어가 과일 향이 풍성해지고 뒷맛도 산뜻해져 마시기 편한 칵테일입니다. 재료가 과일 계열뿐이면 너무 달아지기 때문에 앙고스투라 비터스를 넣어 맛의 균형을 잡아주는 것이 포인트입니다.

## 피스코 사워

 보통     달고 산뜻함     언제든

[재료]
피스코 60ml / 레몬 주스 20ml / 시럽 15ml /
달걀흰자 1개 / 앙고스투라 비터스 4drop / 시나몬 파우더

**거**품기가 있다면 달걀흰자를 먼저 풀어준다. 얼음 및 다른 재료와 함께 셰이커에 넣어 셰이크한 다음 잔에 따른다. 거품기가 없다면 달걀흰자가 잘 섞이도록 강하게 셰이크해준다. 잔에 부었으면 앙고스투라 비터스를 몇 방울 떨어뜨리고 시나몬 파우더를 뿌린다.

**마스터의 메모**

옛날에는 피스코라는 토기에 저장해 피스코 항에서 출항했기 때문에 '피스코'라고 부릅니다. 페루의 국민 칵테일입니다. 피스코 사워 덕분에 피스코 생산량이 세계적으로 늘었다고 합니다.

지금 세계가 주목하는 피스코를 맛보고 싶다면!

셰이크 칵테일 / 브랜디 베이스 · 리큐어 베이스

**달걀의 셰이크가 맛의 비밀**

## 에그 사와

( 보통 )  ( 달달함 )  ( 식후 )

[재료]
브랜디 30ml / 쿠앵트로 20ml / 레몬즙 20ml / 설탕 1tsp / 달걀 1개

**가**장 먼저 달걀을 거품기로 잘 풀어준다. 셰이커에 브랜디, 쿠앵트로, 레몬즙, 설탕, 달걀을 얼음과 함께 넣는다. 셰이크한 다음 잔에 따라낸다.

**마스터의 메모**

달걀이 잘 섞였다면 다행이지만, 제대로 안 풀어졌다면 비린내가 나기도 합니다. 집에서 마실 경우, 셰이크가 서투른 사람은 피하는 편이 나을지도요. 신맛이 필요한데, 레몬은 주스가 아닌 갓 짜낸 레몬을 사용해주세요.

---

## 그래스호퍼

( 보통 )  ( 달달함 )  ( 식후 )

[재료]
화이트 카카오 20ml / 제트 20ml / 생크림 20ml

**셰**이커에 얼음을 담고 화이트 카카오, 제트, 생크림을 넣어 셰이크한 다음 잔에 따라낸다. 취향에 따라 민트를 장식해도 좋다.

**마스터의 메모**

그래스호퍼는 메뚜기라는 뜻인데, 색깔 때문에 지어진 이름이지 맛과는 전혀 상관이 없습니다. 민트의 향기와 카카오의 고소함이 정말 잘 어울려서 그래스호퍼는 향을 즐기는 칵테일이라고 할 수 있겠네요. 생크림이 들어가서 목 넘김이 부드럽습니다. 마무리 디저트 대신 마셔도 좋습니다.

**오늘 밤 '마무리'는 너로 정했다!**

## 골든 캐딜락

보통 | 달달함 | 식후

[재료]
갈리아노 20ml / 화이트 카카오 20ml / 생크림 20ml

**갈**리아노, 화이트 카카오, 생크림을 얼음과 함께 셰이커에 넣어 셰이크한다. 내용물을 잔에 따라낸다.

의외로 '섬세한' 맛?

### 마스터의 메모
그래스호퍼와 마찬가지로 화이트 카카오와 생크림이 들어가지만, 약초 계열 리큐어인 갈리아노를 넣으면서 복잡한 단맛이 나는 칵테일이 되었습니다. 자동차 브랜드 '캐딜락'에서 이름이 유래했는데, 최고급이라는 의미가 담겨 있다고 합니다.

셰이크 칵테일 / 리큐어 베이스

---

## 찰리 채플린

보통 | 달고 산뜻함 | 언제든

[재료]
슬로 진 20ml / 애프리콧 20ml / 레몬 주스(과즙) 20ml

**셰**이커에 얼음을 담고 슬로 진, 애프리콧, 레몬 주스를 넣어 셰이크한다. 내용물을 얼음이 담긴 잔에 따른다.

타고난 친화력이 희극 왕 같구나

### 마스터의 메모
희극 왕 찰리 채플린과 관련해 이름 지어진 칵테일입니다. 찰리 채플린과 슬로 진은 영국 출신이라는 공통점이 있습니다. 제가 바에 가면 자주 주문하는 칵테일이라 다른 분들도 많이 알아주셨으면 하네요. 너무 달지 않고 산뜻해서 기분 전환용으로 딱입니다.

셰이크 칵테일 / 리큐어 베이스

훅 풍기는 '제비꽃' 향기

## 바이올렛 피즈

보통   산뜻함   언제든

[재료]
바이올렛 20ml / 진 30ml / 레몬 주스 15ml / 시럽 10ml / 소다 75ml / 민트 체리 절임 / 레몬 슬라이스

셰이커에 얼음과 재료를 넣어 셰이크한다. 내용물을 얼음이 담긴 잔에 따른다. 잔을 가득 채우듯이 소다를 붓고, 민트 체리나 레몬 슬라이스로 장식한다.

**마스터의 메모**

제비꽃 향기가 물씬 나는 칵테일입니다. 진이 향기를 잡으면서 알코올 도수를 높였지만, 소다를 희석한 덕분에 산뜻하게 마실 수 있습니다. 달콤한 칵테일을 잘 못 마시는 분들에게 특히 추천합니다. 색깔도 예뻐 보기에도 좋습니다.

## 핑퐁

보통   산뜻함   언제든

[재료]
슬로 진 30ml / 바이올렛 30ml / 레몬 1tsp

셰이커에 얼음을 담고 슬로 진, 바이올렛, 레몬을 넣어 셰이크한다. 내용물을 잔에 따른다.

**마스터의 메모**

'슬로 진=자두', '바이올렛=제비꽃'으로, 이 둘은 궁합이 아주 좋습니다. 균형이 무너지지 않도록 레몬을 조금 넣어 맛을 조절합니다. 슬로 진과 바이올렛의 매력이 빛나는 칵테일입니다.

최강자 납시오!

한 모금 마시면 남쪽 나라가! 오늘 밤도 고마워

## 마루루

( 보통 )　( 과일 향 )　( 식후 )

[재료]
미도리 45ml / 보드카 30ml / 파인애플 주스 60ml / 레몬 주스 10ml / 코코넛 밀크 20ml / 라임·멜론·꽃 등

트로피컬 느낌이 나는 잔에 크러쉬드 아이스를 넣는다. 셰이커에 얼음을 담고 미도리, 보드카, 파인애플 주스, 레몬 주스, 코코넛 밀크를 넣어 셰이크한다. 준비한 잔에 내용물을 따른다. 꽃이나 라임 등으로 장식한다.

**마스터의 메모**

멜론(미도리), 파인애플 주스, 코코넛 밀크와 같은 재료에서 알 수 있듯이 열대 과일의 풍미가 가득한 칵테일입니다. 한입 머금으면 마치 남쪽에 있는 듯한 기분에 휩싸입니다. '마루루'는 타히티어로 '고마워'라는 뜻입니다.

## 할리우드 나이트

( 보통 )　( 과일 향 )　( 언제든 )

[재료]
말리부 45ml / 미도리 15ml / 파인애플 주스 15ml

말리부, 미도리, 파인애플 주스를 얼음과 함께 셰이커에 넣어 셰이크한다. 잔에 내용물을 따라낸다.

**마스터의 메모**

코코넛 리큐어인 말리부, 멜론 리큐어인 미도리, 그리고 파인애플 주스의 조합이라 풍부한 과일 향이 나는 칵테일입니다. 남쪽 나라를 연출하기에 나무랄 데 없는 조합입니다.

산뜻한 '남쪽의 바람'을 느껴보자

셰이크 칵테일 / 리큐어 베이스

눈을 감으면 펼쳐지는 '화려한 왕궁의 밤'

## 양귀비

`보통`　`산뜻함`　`언제든`

[재료]
리치 리큐어 10ml / 계화진주 30ml / 자몽 주스 20ml / 블루 큐라소 1tsp

셰이커에 얼음을 담고 리치 리큐어, 계화진주, 자몽 주스, 블루 큐라소를 넣어 셰이크한다. 잔에 내용물을 따라낸다.

**마스터의 메모**

리큐어 칵테일 중에서도 탑 클래스로 유명합니다. 도쿄 포시즌스 호텔 바에서 만들어진 일본 칵테일로, 계화진주를 사용한, 흔하지 않은 칵테일입니다. 그 유명한 양귀비가 좋아했다는 리치 향이 나는 리큐어를 사용하여 이렇게 이름이 붙었습니다. '차이나 블루'라는 칵테일의 근간이 된 칵테일이기도 합니다.

## 베일리스 말리부 슬라이드

`보통`　`달달함`　`식후`

[재료]
베일리스 30ml / 칼루아 30ml / 말리부 30ml / 시나몬

베일리스, 칼루아, 말리부를 얼음과 함께 셰이커에 넣어 셰이크한다. 내용물을 잔에 따라낸다. 마지막에 시나몬을 올려 마무리한다.

달고, 달고, 또 달다

**마스터의 메모**

제가 정말 좋아하는 칵테일 중 하나입니다. 머드 슬라이드라는 칵테일이 있는데, 그것을 말리부로 만든 트위스트 칵테일입니다. 베일리스, 칼루아, 말리부를 1:1:1로 섞어, 단:단:단의 조합입니다. 하여간 달기 때문에 디저트처럼 마시기 좋습니다.

## 마스터의 혼잣말

### 쓸모없던 당밀에서 탄생한 럼

4대 스피릿 중 하나인 럼은 35쪽에서 소개했듯이 사탕수수로 만들어집니다.

한때 '노예무역'이라고도 불렸던 삼각무역에 의해 설탕의 수요가 늘어나며 그 생산량도 늘었는데요. 설탕이 잘 팔리는 만큼 설탕이 되지 못한 당밀도 점점 쌓여갔습니다. 그렇다고 그 많은 당밀을 그냥 버리자니 아깝게 느껴졌지요. 그래서 발효와 증류 과정을 거치게 했고, 그렇게 럼이 탄생했습니다. 노예 제도에 의해 설탕이 대량 생산되어 럼이 탄생한 셈이네요.

처음에 럼은 괴혈병을 예방한다고 여겨져서 약으로 혹은 노예의 영양 보충용으로 배급되었습니다. 당시 럼은 증류가 충분하지 않아 맛이 좋지도 않았습니다.

그러다가 1693년 프랑스의 수도사였던 펠라바가 코냑 기술자에게 코냑을 만드는 것처럼 럼을 공들여 증류시키도록 했더니 단숨에 럼의 품질이 향상되었습니다. 원래는 폐기해야 했던 당밀을 활용해 만들어졌는데, 저렴하고 심지어 맛있기까지 하자 갑자기 많은 사람이 럼을 찾게 되었습니다. 그 결과 럼을 만들기 위해서 설탕을 만드는 상황이 벌어지기도 했습니다.

그 후, 당밀이 아닌 사탕수수 100% 추출액으로 만드는 방식이 가능하다면 낭비를 줄일 수 있을 것이라는 발상까지 생겨났습니다. 그렇게 만들어진 럼이 아그리콜 럼입니다.

Chapter 5

# 이렇게까지 섞는 방법이 다르다고?
# 칵테일의 천국에
# 가까워지는 스터 기법

이 장에서는 스터 기법으로 만드는 칵테일을 소개합니다.
칵테일의 왕이라고 불리는 마티니가 바로 스터 기법으로 만드는 칵테일입니다.

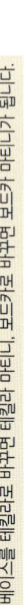

스터 칵테일 / 진 베이스

이것이 칵테일의 왕!

## 마티니

`강함` `드라이함` `언제든`

[재료]
진 45ml / 드라이 베르무트 15ml / 올리브

믹싱 글라스에 진, 드라이 베르무트를 넣어 스터한다. 스터가 끝나면 스트레이너를 씌워 칵테일 글라스에 따른다. 올리브를 장식해 마무리한다.

**마스터의 메모**

진 앤 잇에서 파생되었다고 합니다. 두 가지의 재료만으로 완성될 정도로 간단하지만, 걸작 중의 걸작으로 '칵테일의 왕'이라고 불립니다. 처음 바에 갔을 때, 잘 아는 척 마티니를 주문하고는 홀딱 반했던 좋은 기억이 있습니다.

---

## 파파티니

`강한 편` `드라이함` `언제든`

[재료]
진 60ml / 하바나 클럽 7년 15ml / 캄파리 1tsp

진, 하바나 클럽 7년, 캄파리를 믹싱 글라스에서 스터한다. 스터가 끝나면 스트레이너를 씌워 칵테일 글라스에 따른다.

**마스터의 메모**

마티니에서 파생된 'OO마티니'라는 이름을 가진 칵테일이 정말 많은데요. 파파티니도 그중 하나입니다. 파파는 대문호 헤밍웨이의 별명인데, 헤밍웨이는 그의 입맛대로 변형한 다이키리인 '파파 다이키리'를 자주 마셨다고 합니다. 한편 헤밍웨이는 럼을 매우 좋아했는데, 그가 좋아하던 하바나 클럽 7년을 넣어 만든 마티니라고 해서 파파티니라는 이름이 붙었습니다.

사랑하는 아버지께 바칩니다

삼위일체로 느끼는 강렬함

## 트리니티

`강한 편` `달고 드라이함` `언제든`

[재료]
진 30ml / 드라이 베르무트 30ml /
스위트 베르무트 30ml

진, 드라이 베르무트, 스위트 베르무트를 믹싱 글라스에 넣고 스터한다. 스터가 끝나면 스트레이너를 씌워 칵테일 글라스에 따른다.

**마스터의 메모**

트리니티는 기독교의 삼위일체를 뜻합니다. 진, 드라이 베르무트, 스위트 베르무트, 이 세 가지가 1:1:1 비율로 삼위일체를 이룬다고 하여 이름이 붙었습니다. 마티니의 재료에 스위트 베르무트의 단맛이 들어가 깔끔한 맛을 자랑합니다. 음식과 곁들이기에 좋습니다.

## 로사

`강한 편` `달고 드라이함` `언제든`

[재료]
진 30ml / 드라이 베르무트 10ml / 체리 브랜디 10ml

믹싱 글라스에 진, 드라이 베르무트, 체리 브랜디를 넣고 스터한다. 스트레이너를 씌워 칵테일 글라스에 따른다.

**마스터의 메모**

마티니에 체리 브랜디를 추가해 마티니와는 또 다른 맛이 납니다. 체리 브랜디가 들어가 뒷맛이 산뜻합니다. 술이 익숙하지 않은 분은 바로 마티니에 도전하기보다는 로사부터 마시길 추천합니다.

초심자도 마시기 좋은 진 베이스 스타터!

스터 칵테일 / 진 베이스

감미로운 세계로 향하는 문

## 플레임 오브 마티니

( 강함 )　( 드라이함 )　( 언제든 )

[재료]
탱커레이 60ml / 파르페 아무르 15ml / 캄파리 15ml / 레몬 껍질

**탱** 커레이, 파르페 아무르, 캄파리를 믹싱 글라스에 넣고 스터한다. 스터가 끝나면 스트레이너를 씌워 칵테일 글라스에 따른다. 마지막에 레몬 껍질로 장식한다.

마스터의 메모

1999년 '자딘 W&S 칵테일 경연'의 탱커레이 부문에서 3위를 차지한 호리우치 유토의 창작 칵테일입니다. **진은 탱커레이를 쓰는 것이 올바른 레시피**입니다. 탱커레이와 캄파리의 쓴맛에 파르페 아무르의 달콤한 향을 입혀 단맛과 쓴맛이 함께 느껴집니다.

---

## 피카디리

( 강한 편 )　( 드라이함 )　( 언제든 )

[재료]
진 40ml / 드라이 베르무트 20ml / 압생트 1tsp / 그레나딘 시럽 1dash

**진**, 드라이 베르무트, 압생트, 그레나딘 시럽을 믹싱 글라스에 넣고 스터한다. 스터가 끝나면 스트레이너를 씌워 칵테일 글라스에 따른다.

마스터의 메모

**피카디리란 영국 런던의 번화가**입니다. 압생트의 향이 있어 조금 마시기 부담스러울지도 모르겠네요. 마티니는 원래 맛이 정말 깔끔한데, 약초 계열 리큐어로 포인트를 주어 개성 있는 맛의 칵테일이 되었습니다.

어쩐지 계속 생각나는 개성

'여제'의 고귀함, 엎드려 맛보라!

## 짜리누

`강한 편` `살짝 드라이함` `언제든`

[재료]
보드카 30ml / 드라이 베르무트 15ml /
애프리콧 브랜디 15ml / 앙고스투라 비터스 1dash

보드카, 드라이 베르무트, 애프리콧 브랜디, 앙고스투라 비터스를 믹싱 글라스에 넣고 스터한다. 스터가 끝나면 스트레이너를 씌워 칵테일 글라스에 따른다.

**마스터의 메모**

짜리누는 러시아어로 '여제'라는 뜻입니다. 보드카와 드라이 베르무트의 조합이라 술맛이 셀 것이라 생각하지만, 애프리콧 브랜디의 달콤한 향 때문에 '여제'라는 이름처럼 우아한 맛이 납니다.

## 펑키 그래스호퍼

`강한 편` `달달함` `식후`

[재료]
보드카 20ml / 제트 20ml / 카카오 화이트 20ml

믹싱 글라스에 보드카, 제트, 카카오 화이트를 넣고 스터한다. 스터가 끝나면 스트레이너를 씌워 칵테일 글라스에 따른다.

**마스터의 메모**

그래스호퍼의 스터 버전입니다. 셰이크 칵테일은 공기를 품고 있어서 마시기 편하지만, 스터 칵테일은 리큐어 맛이 두드러진다는 특징이 있습니다. 또, 그래스호퍼와 달리 생크림을 사용하지 않기 때문에 알코올 도수도 높아서 '펑키'가 붙었습니다.

각오하고 있는 힘껏 뛰어오르자!

스터 칵테일 / 보드카 베이스

## 블루 돌핀 마티니

[재료]
보드카 45ml / 블루 큐라소 10ml / 페슈 10ml

보드카, 블루 큐라소, 페슈를 믹싱 글라스에 넣고 스터한다. 스터가 끝나면 스트레이너를 씌워 칵테일 글라스에 따른다.

헤엄치고 싶은 푸름

**마스터의 메모**
술만 들어갔기 때문에 당연히 알코올 도수가 높습니다. 하지만 블루 큐라소 때문에 색이 예뻐서 세련됐지만 센 술을 마시고 싶은 분들에게 추천합니다.

---

## 엘 프레지던트

[재료]
럼 30ml / 드라이 베르무트 15ml / 쿠앵트로 15ml / 그레나딘 시럽 1dash

럼, 드라이 베르무트, 쿠앵트로, 그레나딘을 믹싱 글라스에 넣고 스터한다. 스터가 끝나면 스트레이너를 씌워 칵테일 글라스에 따른다.

'대통령'의 기운이 여기에

**마스터의 메모**
멕시코에 있는 '엘 프레지던트'라는 호텔 바에서 만들어진 오리지널 칵테일입니다. 럼과 오렌지(쿠앵트로)가 잘 어우러져 스터 칵테일인데도 부담 없이 마실 수 있습니다. 엘 프레지던트는 스페인어로 '대통령'이라는 뜻입니다. 출세하고 싶은 분은 이 이름의 기운을 빌려보는 것은 어떨까요?

오감을 모두 자극하는

## 피카도르

`강한 편`  `살짝 달콤함`  `식후`

[재료]
테킬라 30ml / 커피 리큐어 30ml / 레몬 껍질

테킬라와 커피 리큐어를 믹싱 글라스에 넣고 스터한다. 스터가 끝나면 스트레이너를 씌워 칵테일 글라스에 따른다. 레몬 껍질로 장식해 마무리한다.

**마스터의 메모**

레몬 껍질로 향을 입혀 잔에 첫입을 대면 레몬 향이 납니다. 그 뒤로 커피 리큐어의 단맛이 오고, 마지막으로 테킬라가 느껴집니다. 셰이크로 만들면 모두 한 번에 느끼게 되기 때문에, <u>스터 기법으로 만들었을 때 각각의 진면목</u>을 즐길 수 있습니다.

스터 칵테일 / 테킬라 베이스 · 위스키 베이스

## 올드 팔

`강한 편`  `드라이함`  `식전`

[재료]
라이 위스키 20ml / 드라이 베르무트 20ml / 캄파리 20ml

라이 위스키, 드라이 베르무트, 캄파리를 믹싱 글라스에 넣어 스터한다. 스터가 끝나면 스트레이너를 씌워 칵테일을 따른다.

**마스터의 메모**

호밀을 사용한 라이 위스키로 만들어주세요. 기본 레시피는 1:1:1이지만, 양을 바꿔 맛에 변화를 주는 재미도 있습니다. 올드 팔은 '오랜 친구'라는 뜻이므로 동창회나 옛 친구와 건배할 때 주문해보는 것은 어떨까요?

그리움 가득한 오늘 밤을 위해

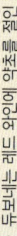

스터 칵테일 / 위스키 베이스

## 키스미 퀵

`보통`　`약간 달콤함`　`언제든`

[재료]
스카치 위스키 30ml / 듀보네 20ml /
프랑부아즈 10ml / 레몬 껍질

스카치 위스키, 듀보네, 프랑부아즈를 믹싱 글라스에 넣고 스터한다. 스터가 끝나면 스트레이너를 씌워 칵테일 글라스에 따른다. 레몬 껍질 등으로 장식해도 좋다.

**마스터의 메모**

일본의 바텐더 미야오 다카히로가 고안한 레시피로, 1988년 스카치 위스키 칵테일 경연에서 우승한 칵테일입니다. 직역하면 '어서 키스해 줘'라는 뜻으로 연인과 함께 마시는 칵테일입니다. 와인 리큐어(듀보네)와 프랑부아즈가 들어가 달콤하고 마시기 편합니다.

> 오늘 밤, 당신과 함께 마시고 싶어요

---

## 맨해튼

`강한 편`　`달고 드라이함`　`언제든`

[재료]
라이 위스키 30ml / 스위트 베르무트 15ml /
앙고스투라 비터스 1dash / 레몬 껍질 / 마라스키노 체리

믹싱 글라스에 라이 위스키, 스위트 베르무트, 앙고스투라 비터스를 넣고 스터한다. 스터가 끝나면 스트레이너를 씌워 칵테일 글라스에 따른다. 마라스키노 체리나 레몬 껍질로 장식해 마무리한다.

**마스터의 메모**

베이스로 버번 위스키를 사용하기도 합니다. 진 앤 잇의 베이스를 라이 위스키로 바꾼 칵테일입니다. 마티니가 '칵테일의 왕'이라면, 맨해튼은 '칵테일의 여왕'이라고 불립니다. 맨해튼에 내려앉은 석양을 표현했다고 합니다. 마릴린 먼로 주연의 영화를 계기로 단숨에 알려졌습니다.

> 저기 지는 석양이 바로 '여왕의 경치'

로맨티스트의 달콤한 말을 조심하세요...!

## 로브 로이

( 강한 편 )  ( 달고 드라이함 )  ( 언제든 )

[재료]
스카치 위스키 30ml / 스위트 베르무트 15ml /
앙고스투라 비터스 1dash / 레몬 껍질 / 마라스키노 체리

스카치 위스키, 스위트 베르무트, 앙고스투라 비터스를 믹싱 글라스에 넣고 스터한다. 스터가 끝나면 스트레이너를 씌워 칵테일 글라스에 따른다. 마지막으로 마라스키노 체리나 레몬 껍질로 장식한다.

**마스터의 메모**

런던 사보이 호텔의 바텐더가 만든 칵테일로, 매년 해당 호텔이 개최하는 성 앤드류 축제 파티를 위해 고안했습니다. 칵테일 이름은 스코틀랜드의 의적 로버트 로이 맥그리거의 별명인 '붉은 머리의 로버트'에서 유래했다고 합니다.

---

## 브랜디 칵테일

( 강한 편 )  ( 약간 달콤함 )  ( 언제든 )

[재료]
브랜디 60ml / 쿠앵트로 2dash /
앙고스투라 비터스 1dash / 레몬 껍질

브랜디, 쿠앵트로, 앙고스투라 비터스를 믹싱 글라스에 넣고 스터한다. 스터가 끝나면 스트레이너를 씌워 칵테일 글라스에 따른다. 레몬 껍질 등으로 장식해도 좋다.

**마스터의 메모**

재료를 보면 알 수 있듯이 거의 브랜디 그 자체입니다. 여기에 쿠앵트로를 조금 넣고, 앙고스투라 비터스로 쓴맛을 낸 정도입니다. 브랜디를 즐기기 위한 칵테일이라고 할 수 있겠네요. 브랜디를 칵테일로 마시고 싶은 분이라면 역시 이 칵테일이죠.

브랜디를 음미하려면 역시 이것

*스터 칵테일 / 위스키 베이스 · 브랜디 베이스*

시체도 다시 일으키는 '해장술'

## 콥스 리바이버

( 강한 편 ) ( 달달함 ) ( 식후 )

[재료]
브랜디 30ml / 애플 브랜디 15ml /
스위트 베르무트 15ml

믹싱 글라스에 브랜디, 애플 브랜디, 스위트 베르무트를 넣어 스터한다. 스터가 끝나면 스트레이너를 씌워 칵테일 글라스에 따른다.

**마스터의 메모**

콥스 리바이버는 해장술로 분류되며, 다른 베이스를 사용한 네 가지의 변형 레시피가 있습니다. 여기서 소개한 레시피는 콥스 리바이버 No. 1입니다. 브랜디와 애플 브랜디, 스위트 베르무트로 만들어진 달콤한 해장술입니다. 참고로 콥스 리바이버는 '죽은 자를 되살리는 사람'이라는 뜻입니다.

## 아도니스

( 보통 ) ( 살짝 드라이함 ) ( 언제든 )

[재료]
드라이 셰리 40ml / 스위트 베르무트 20ml /
오렌지 비터스 1dash

라이 진, 스위트 베르무트, 오렌지 비터스를 믹싱 글라스에서 스터한다. 스터가 끝나면 스트레이너를 씌워 칵테일 글라스에 따른다.

**마스터의 메모**

칵테일의 이름인 '아도니스'는 그리스 신화의 여신 아프로디테에게 사랑받던 미소년의 이름에서 유래했습니다. 드라이 셰리에 스위트 베르무트가 섞인 부드러운 맛으로, 19세기부터 꾸준히 높은 인기를 자랑하는 칵테일입니다. 스위트 베르무트를 드라이 베르무트로 바꾸면 '밤부'가 됩니다.

부드러운 맛은 미소년의 흔적?

## 심포니

화이트 와인으로 개운하게! 복숭아는 입맛 따라

( 보통 ) ( 달달함 ) ( 언제든 )

[재료]
화이트 와인 80ml / 복숭아 리큐어 15ml /
그레나딘 시럽 1tsp / 설탕 2tsp

화이트 와인, 복숭아 리큐어, 그레나딘 시럽, 설탕을 믹싱 글라스에 넣고 스터한다. 스터가 끝나면 스트레이너를 씌워 칵테일 글라스에 따른다.

**마스터의 메모**

1988년에 열린 블러쉬 와인의 칵테일 경연에서 일본의 바텐더 나카무라 게이조에게 우승을 안겨준 칵테일입니다. 화이트 와인과 복숭아 리큐어의 양을 입맛에 맞게 조절해 마셔도 맛있습니다. **대표적인 화이트 와인 칵테일입니다.**

## 밤부

( 보통 ) ( 드라이함 ) ( 언제든 )

[재료]
드라이 셰리 40ml / 드라이 베르무트 20ml /
오렌지 비터스 1dash

믹싱 글라스에 드라이 셰리, 드라이 베르무트, 오렌지 비터스를 넣고 스터한다. 스터가 끝나면 스트레이너를 씌워 칵테일 글라스에 따른다.

**마스터의 메모**

아도니스의 트위스트로 메이지 시대의 요코하마 그랜드 호텔 지배인 겸 바텐더였던 루이스 에핑어가 창작한 칵테일입니다. 일본발 호화 여객선을 통해 전 세계로 퍼졌다고 합니다. **마티니처럼 깔끔한 맛**이 외국인들에게도 잘 맞았다고 하네요.

'일본 출신'의 압도적인 산뜻함

# Column 3 [마스터의 히스토리-전편]

이번 칼럼에서는 제가 어떤 과정을 거쳐 바텐더의 길을 걷게 되었는지에 대한 이야기를 간단히 풀어보려 합니다.

대학생 시절, 저는 나고야의 한 초밥 체인점에서 아르바이트를 하며 지냈습니다. 가끔 홀 업무를 보기도 했는데, 어떤 노부부에게 서비스가 좋다며 엄청난 칭찬을 받았을 정도로 손님과 어울리는 일이 잘 맞았습니다. 이 칭찬을 계기로 접객에 특화된 일을 하고 싶다고 생각하게 되었고, 그때 눈에 들어온 것이 바텐더라는 직업이었습니다.

히가시야마선의 종점 '후지가오카' 역은 바의 성지 같은 곳이었습니다. 저는 그곳에서 가장 오래된 가게에 이력서를 들고 가 "일하게 해주십시오"라고 간청했습니다. 그리고 운 좋게도 그곳에서 일하게 되었습니다. 바에서 일하기 시작했다고는 하나 워낙 유명한 가게였기 때문에 좀처럼 근무 스케줄이 들어오지 않았습니다. 어쩌다 근무하게 돼도 주문 받기만 할 뿐이었죠. 그렇게 저는 전혀 소득 없는 나날을 보내야 했습니다.

그러던 어느 날, 음료를 만들 수 없다면 적어도 접객으로라도 도움이 되어야겠다는 생각이 들었습니다. 마스터가 바빠서 접객이 어려울 때면 손님에게 적극적으로 말을 걸며 이름과 얼굴을 알리는 데에 집중했습니다.

그러자 "오늘은 이에쓰네 씨 없나요?"라며 저를 찾는 손님이 늘어났고, 근무하는 날도 많아졌습니다. 머지않아 일주일에 6일을 일하게 되었습니다. 음료도 만들 수 있는 편이 좋겠다는 말이 나왔고, 가게에 들어온 지 단 2개월 만에 음료 만드는 법을 배우게 되었습니다.

그때부터 저녁 6시부터 아침 5시까지 일하며 음식 조리를 담당하는 어머님의 뒷정리까지 함께 했습니다. 그리고 아침 8시 반까지 마시고, 9시부터는 대학 수업을 듣는 하루하루를 보냈습니다. 꽤 힘든 생활이었지만, 매일 성장하고 있다는 기쁨을 느꼈습니다.

대학을 졸업하고 나서는 그대로 바에 취직하려고 했습니다. 그러나 비싼 등록금을 부담하며 대학까지 보내주셨던 부모님은 쉽게 납득하지 못했습니다. "요식업은 허락하지만, 적어도 일반 회사에 들어가거라"라고 하셨지요.

이런 상황에 놓여 있을 때, 학교와 관련된 일로 스코틀랜드에 가게 되었습니다. 그리고 그곳에서 펍이라는 문화를 접하고 흥미를 느꼈습니다. 귀국 후, 자연스럽게 영국 스타일의 펍인 'HUB'라는 회사가 일본에 있다는 사실을 알게 되었습니다. 모회사가 건실한 기업이다 보니 부모님도 취업을 허락해주셨고, 그렇게 취직하게 되었습니다. (이어서)

## Chapter 6

# 조금 수고롭긴 하지만
# 맛있으니까 용서한다!
# 보물처럼 소중한 블렌드 레시피

이 장에서 소개할 블렌드 칵테일은 블렌더에
크러쉬드 아이스와 재료를 넣고 블렌드해 만드는 칵테일입니다.
더운 계절에 생각나는 프로즌 칵테일의 다양한 레시피를 소개합니다.

블렌드 칵테일

코코넛+멜론의 만남, 당장 열대 휴양지로!

## 그린 아이즈

보통 · 달달함 · 식후

[재료]
골드 럼 30ml / 미도리 25ml / 파인애플 주스 45ml / 코코넛 밀크 15ml / 라임 주스 15ml / 크러쉬드 아이스 1cup / 라임 슬라이스

블렌더에 크러쉬드 아이스 1cup과 골드 럼, 미도리, 파인애플 주스, 코코넛 밀크, 라임 주스를 넣고 블렌드한다. 잔에 따라내고 라임으로 장식한 다음 빨대를 꽂는다.

**마스터의 메모**

1984년 LA 올림픽 공식 음료로 채택되었던 칵테일입니다. 밀크셰이크에 가까운 맛이지만, 미도리를 사용해 멜론 향이 납니다. 코코넛 밀크가 없다면 말리부로 대신해도 됩니다. 트로피컬 풍미와 프로즌 칵테일의 청량함을 모두 맛볼 수 있습니다.

---

## 프로즌 다이키리

보통 · 달고 드라이함 · 식후

[재료]
럼 40ml / 라임 주스 10ml / 쿠앵트로 1tsp / 설탕 1tsp / 크러쉬드 아이스 1cup / 민트

럼, 라임 주스, 쿠앵트로, 설탕, 그리고 크러쉬드 아이스 1cup을 블렌더에 넣고 블렌드한다. 잔에 따라내고 민트로 장식한 다음 빨대를 꽂는다.

**마스터의 메모**

유명한 럼 베이스 칵테일인 다이키리의 프로즌 버전입니다. 쿠바의 수도 하바나에 있는 '라 플로리디타' 바의 바텐더가 고안한 메뉴입니다. 헤밍웨이가 하루에 수십 잔도 마셨을 정도로 좋아했던 칵테일로, 그가 미국 잡지에 소개하면서 금방 유명해졌습니다.

'쿠바의 바람'을 식히는!

펀치감이라면 말겨주시게

## 테킬라 선셋

보통 / 달고 드라이함 / 식후

[재료]
테킬라 30ml / 레몬 주스 30ml / 그레나딘 시럽 1tsp / 크러쉬드 아이스 1cup / 라임

크러쉬드 아이스 1cup과 테킬라, 레몬 주스, 그레나딘 시럽을 블렌더에 넣고 블렌드한다. 잔에 따라내고 라임으로 장식한 다음 빨대를 꽂는다.

**마스터의 메모**
테킬라, 레몬 주스, 그레나딘 시럽이 섞여 보기에도 시원해 보입니다. 그러나 알코올 도수가 높기 때문에, 그레나딘 시럽의 양을 늘리거나 설탕을 넣어서 도수를 낮춰도 됩니다.

## 프로즌 마가리타

강한 편 / 달고 드라이함 / 언제든

[재료]
테킬라 30ml / 쿠앵트로 15ml / 라임 주스 15ml / 설탕 1tsp / 크러쉬드 아이스 1cup / 스노우 스타일

잔 테두리에 소금을 묻혀 스노우 스타일을 연출한다. 크러쉬드 아이스 1cup과 테킬라, 쿠앵트로, 라임 주스, 설탕을 넣고 블렌드한다. 스노우 스타일을 연출한 잔에 내용물을 따라내고 빨대를 꽂는다.

**마스터의 메모**
말 그대로 마가리타의 프로즌 버전입니다. 테킬라 특유의 맛을 라임이 중화했습니다. 프로즌 마가리타는 달지 않고 상큼한 것이 특징입니다. 여기에 생키위를 넣어 프로즌 키위 마가리타로 만들어도 맛있습니다.

이 '달지 않음'이 좋아

블렌드 칵테일

베일리스+칼루아+바닐라 아이스크림

## FBI

보통 / 달달함 / 식후

[재료]
보드카 30ml / 베일리스 30ml / 칼루아 30ml / 바닐라 아이스크림 2스쿱 / 크러쉬드 아이스 1cup

크러쉬드 아이스 1cup과 보드카, 베일리스, 칼루아, 바닐라 아이스크림을 블렌더에 넣고 블렌드한다. 잔에 따라내고 오레오로 장식한 다음 빨대를 꽂는다.

마스터의 메모

FBI는 원래 셰이크 칵테일인데, 지금은 블렌드 FBI가 주류가 되었습니다. 베일리스와 칼루아, 바닐라 아이스크림이 만났으니 맛이 없을 수가 없지요. 식사 후에 디저트로 아주 적절한 칵테일입니다. 저도 참 좋아합니다.

---

## 프로즌 바나나 다이키리

보통 / 달달함 / 식후

[재료]
럼 30ml / 바나나 리큐어 10ml / 레몬 주스 15ml / 시럽 1tsp / 생바나나 1/3개 / 크러쉬드 아이스 1cup

블렌더에 크러쉬드 아이스 1cup과 럼, 바나나 리큐어, 레몬 주스, 시럽, 바나나를 넣고 블렌드한다. 잔에 따라내고 바나나로 장식한 다음 빨대를 꽂는다.

톡톡상식 | 베일리스는 아이리시 위스키를 베이스로 한 크림 계열 리큐르입니다.

마스터의 메모

생바나나를 사용해 더욱 디저트 같은 느낌입니다. 술이 들어간 바나나 스무디를 상상하시면 됩니다. 바나나와 럼은 궁합이 정말 좋아서 두말할 것 없이 맛있는 디저트 칵테일입니다.

바나나를 더욱 맛있게 먹는 방법

피나콜라다의 프로즌 버전?!

## 아마레토 피나콜라다

보통  달달함  식후

[재료]
럼 30ml / 아마레토 30ml / 코코넛 밀크 10ml /
코코넛 시럽 5ml / 파인애플 주스 30ml /
망고 주스 10ml / 크러쉬드 아이스 1cup

크 러쉬드 아이스, 럼, 아마레토, 코코넛 밀크, 코코넛 시럽, 파인애플 주스, 망고 주스를 블렌더에 넣어 블렌드한다. 잔에 따라 내고 파인애플로 장식한 다음 빨대를 꽂는다.

**마스터의 메모**

사진에서는 건조 파인애플을 장식으로 썼지만, 당연히 생파인애플이어도 괜찮습니다. 피나콜라다를 프로즌 스타일로 만든 것에 아마레토를 첨가해 깊은 맛을 냅니다.

## 망고 마가리타

보통  달달함  식후

[재료]
테킬라 40ml / 쿠앵트로 20ml / 망고 60g /
라임 주스 15ml / 시럽 1tsp / 크러쉬드 아이스 1cup /
스노우 스타일

잔 을 스노우 스타일로 연출한다. 블렌더에 크러쉬드 아이스, 테킬라, 쿠앵트로, 망고, 라임 주스, 시럽을 넣어 블렌드한다. 잔에 따라내고 빨대를 꽂는다.

바라건대 진짜 망고로

**마스터의 메모**

블렌드 칵테일은 크러쉬드 아이스가 들어가기 때문에 맛이 연해지기 쉽습니다. 그래서 망고 주스가 아니라 망고 과육을 듬뿍 사용하는 것이 망고 마가리타 만들기의 포인트입니다. 주스를 사용하면 맛이 반감됩니다.

# Column 4 [마스터의 히스토리-중편]

도쿄로 올라와 HUB라는 회사에 취직한 저는 바텐더 대회에 계속해서 참가하고 다녔습니다. 그곳에서 유명 가게의 사람과 친해지기도 했지요. 그리고 그 사람에게 "돈은 안 받아도 되니 쉬는 날에 가게에서 일하고 싶다"라고 부탁해 회사 몰래 일하기 시작했습니다(원래 해서는 안 될 행동입니다). 사회인으로서의 역량은 일반 기업인 HUB에서 배우고, 바텐더로서의 실력은 그 유명 가게에서 키웠습니다. 그렇게 투잡을 하며 양면을 모두 갈고닦았습니다.

다만, 너무 제 마음대로 행동했던 탓에 회사의 눈 밖에 나버려 해고 이야기까지 나오고 말았습니다. 그래서 깊이 반성하고 심기일전하여 HUB에서의 일에 집중했습니다. 얼마 안 가 점장 자리를 맡게 되었고, 매상, 수익률, 접객, 고객만족도 등을 평가해 HUB 내 순위를 정하는 대회에서 1위를 차지했습니다. 그러나 기쁨은 오래가지 않았습니다. 성과가 나오자마자 번아웃 증후군이 생겨서 고향인 에히메현으로 돌아가기로 한 것입니다.

아내의 본가인 오시마섬에서 복어 양식과 고기잡이를 도우면서, 섬에서 이마바리시까지 나가 음식점 일을 하기도 했습니다. 복어는 2년 정도의 시간을 들여 양식해 출하하면 수천만 엔을 벌 수 있는 사업입니다. 하지만 그때까지는 계속 일을 하며 자금을 조달해야 하는 불안정한 상황의 반복이었습니다. 그러다 보니 자금 융통을 위해 돈까지 빌렸을 정도로 빠듯한 생활을 해야 했습니다. 복어 출하까지 2~3주 정도 남은 어느 날, 30년에 한 번 온다는 적조가 발생했습니다. 출하하면 수천만 엔이라는 수입을 얻을 수 있는 복어가 전부 못 쓰게 되어버렸습니다.

수입도, 저축도 바닥나서 수산청에 상담하러 갔더니 "보험을 들어놨어야죠"란 말만 돌아왔습니다. 절망하며 집에 가려던 순간, 저를 눈여겨본 직원분이 어떤 제안을 해왔습니다. 신규 비즈니스 콘테스트가 있는데, 우승하면 지원금으로 300만 엔을 받는다는 것이었습니다. "고기잡이와 음식점을 연계하는 가게를 시도하는 사람은 거의 없죠"라는 말을 듣고는 바로 기획서를 작성해 콘테스트에 참여했습니다. 그리고 300만 엔을 받았습니다.

물론 300만 엔만으로 가게를 아예 새롭게 시작하기란 불가능하기 때문에, 폐점한 우동 가게를 개조했습니다. 쓸 만한 냉장고나 기자재는 그대로 사용하고, 바 카운터만 새로 만들어 해산물 덮밥 가게를 개업했습니다. 참고로 가게를 열었을 때 통장 잔고는 7만 엔이 전부였습니다. (이어서)

Chapter 7

## 다음 날 숙취는 필연?
## 높은 도수의 지옥행 칵테일부터
## 천국행 논 알코올까지

이번 장에서는 사진에 예쁘게 찍히는 비주얼 칵테일부터 알코올 도수가 높아
만취할 수밖에 없는 칵테일까지 다양한 콘셉트의 칵테일을 소개합니다.

## 시티 코랄

( 보통 ) ( 달고 산뜻함 ) ( 언제든 )

[재료]
진 20ml / 멜론 리큐어 20ml / 자몽 주스 20ml / 블루 큐라소 1tsp / 토닉워터 적당량 / 코랄 스타일

잔를 두 개 준비하고 각각 3cm 정도의 소금과 1.5cm 정도의 블루 큐라소를 넣는다. 잔을 거꾸로 잡고 블루 큐라소에 넣었다 뺀 다음, 같은 방식으로 소금에 담갔다 뺀다. 잔 안쪽에 묻은 소금을 닦아낸다(코랄 스타일). 진, 멜론 리큐어, 자몽 주스를 셰이크한 후 코랄 스타일로 연출한 잔에 따른다. 얼음을 2~3개 넣고 천천히 토닉워터를 채운다.

**마스터의 메모**

긴자에 있는 바 <덴다>의 오너 바텐더 우에다 가즈오가 만든 칵테일입니다. 1984년 칵테일 경연용으로 만들어져 일본 바텐더 협회 사상 최고점을 기록했다고 알려져 있습니다. 지금의 SNS에서도 눈길을 끌 만한 발상을 당시에 했다니 놀라울 따름입니다.

'사상 최고 득점'을 갈아치운 전설

## 스프링 오페라

( 강함 ) ( 달고 드라이함 ) ( 언제든 )

[재료]
드라이 진 40ml / 자포네 사쿠라 피치 10ml / 레몬 1tsp / 오렌지 주스 2tsp / 민트 체리 절임

라이 진, 자포네 사쿠라 피치, 레몬을 셰이크한 다음 잔에 따른다. 그 잔 아래로 오렌지 주스를 가라앉히고, 칵테일 핀을 찌른 민트 체리도 잔 바닥에 가라앉힌다.

**마스터의 메모**

<Bar S>의 점장이었던 미타니 유의 창작 칵테일로, 1999년 산토리 칵테일 어워드의 올해의 칵테일 상에 빛나는 칵테일입니다. 당시는 이렇게 층을 만드는, 혹은 체리를 가라앉히는 발상을 전혀 하지 못했던 시대였습니다. 자포네 사쿠라 피치로 일본 느낌을 표현했습니다. 후세에 길이길이 남기고 싶은 칵테일 중 하나입니다.

올해의 칵테일에 빛나는 '일본의 아름다움'

'불장난' 좀 해볼까?

# 블루 블레이저

(보통) (달고 드라이함) (식후)

**[재료]**
위스키 60ml / 뜨거운 물 60ml /
꿀 1tsp / 레몬즙 10ml

구리 머그잔에 위스키를 따르고, 다른 구리 머그잔에 꿀, 뜨거운 물, 레몬즙을 넣어 잘 섞는다. 위스키를 플랑베*하고, 불이 붙은 구리 머그잔을 아무것도 들어 있지 않은 구리 머그잔에 5~7회 스로잉** 한 다음 내열 머그잔에 따른다.

**마스터의 메모**

1849년에 '칵테일의 창시자'라고도 불린 제리 토마스라는 바텐더가 만든 칵테일입니다. 뉴욕의 메트로폴리탄 호텔에서 선보이며 명물이 되었습니다. 손님에게 시각적 즐거움을 선사하는 플레어 바텐더의 원형이라고 해도 좋겠네요. 참고로 가게에서 주문한 분은 아직까지 없습니다. (웃음)

※ 아마추어분들께는 추천하지 않습니다. 화재나 화상에 각별히 주의를.

* 술에 불을 붙여 단시간에 알코올을 날리는 방법-옮긴이
** 술을 부으면서 낙차를 이용해 공기와 접촉시켜 향을 자극하는 방법-옮긴이

일생에 단 한 번뿐? 마시는 어트랙션

# 푸스카페

`강한 편` `달달함` `-`

[재료]
그레나딘 시럽 10ml / 제트 10ml /
마라스키노 10ml / 파르페 아무르 10ml /
베네딕틴 돔 10ml / 샤르트뢰즈(옐로) 10ml /
코냑(헤네시) 10ml / 론리코 151 10ml

ㄱ레나딘 시럽→제트→마라스키노
→파르페 아무르→베네딕틴 돔→
샤르트뢰즈→코냑→론리코 151 순으로,
바 스푼의 뒷면을 써서 천천히 층이 만들
어지도록 재료를 쌓는다.

**마스터의 메모**

재료가 층층이 쌓인 모습을 즐기고,
마실 때는 빨대로 한 층씩 마셔주세요. 술을
하나씩 마시기 때문에 맛은… 일생에 한 번
마시면 충분하다고 생각합니다. 마시는 타
이밍을 기재하지 않은 이유는 만들 때 시간
이 걸리기 때문입니다. 오더는 바텐더가 여
유가 있어 보일 때 부탁드려요. (웃음)

## 풀사이드 마가리타

'시원한 수영장'과 잘 어울리는

| 강한 편 | 달고 산뜻함 | 언제든 |

[재료]
테킬라 30ml / 아가베 시럽 20ml / 레몬 주스 15ml / 엠프레스 1980 진 20ml

테킬라, 아가베 시럽, 레몬 주스를 얼음과 함께 셰이크한다. 내용물을 크러쉬드 아이스를 담은 잔에 따른다. 그 위로 엠프레스 1908 진을 플로트한 다음, 장식을 얹어 마무리한다.

**마스터의 메모**
선명한 색이 특징인 엠프레스라는 진이 있습니다. 그 진과 테킬라를 한데 섞었기 때문에 마시기에 썩 좋은 칵테일은 아닙니다. 다만, 겉모습이 화려해서 이름처럼 수영장 등 분위기에 맞는 장소에 잘 어울립니다.

## 스카이 다이빙

| 강한 편 | 달고 드라이함 | 언제든 |

[재료]
럼 30ml / 블루 큐라소 20ml / 라임 주스 10ml

셰이커에 얼음을 담고 럼, 블루 큐라소, 라임 주스를 넣는다. 셰이크한 다음 잔에 따른다.

파란 나라를 보았니?

**마스터의 메모**
1967년 일본 바텐더 협회에서 주최한 칵테일 경연에서 1위를 한 칵테일입니다. 바텐더가 되고 많은 푸른색의 칵테일을 봐왔지만, 이것만큼 투명한 푸른색을 구현한 칵테일은 없었습니다. 울적해질 때 스카이 다이빙을 마시면 드넓은 하늘을 나는 듯한 기분을 낼 수 있을 것입니다.

비주얼 칵테일

두려움과 맛있음이 '행복한 결혼'의 비결?

## 브레인 해머릿지

> 보통   달달함   아플 때

[재료]
복숭아 리큐어 40ml / 베일리스 15ml /
그레나딘 시럽 10ml

차갑게 보관해둔 복숭아 리큐어를 잔에 따르고, 그 위로 베일리스를 바 스푼에 대고 조심스럽게 넣는다. 마지막에 그레나딘 시럽을 위에서 들이붓는다.

**마스터의 메모**

브레인 해머릿지는 '뇌출혈'이라는 뜻으로, 칵테일 사상 가장 불길한 칵테일이라고 불립니다. 약간 기분 나쁜 칵테일이지만, 사진 찍기용으로는 더없이 좋습니다. 겉모습은 조금 음산해 보일지 몰라도 재료들은 모두 맛있는 것들이라 맛에는 문제가 없습니다.

## 걸프 스트림

> 보통   달달함   언제든

[재료]
진 40ml / 복숭아 리큐어 10ml / 라임 주스 15ml /
건조 파인애플 / 레드 체리 등

진, 복숭아 리큐어, 라임 주스를 얼음이 담긴 잔에 넣고 젓는다. 장식을 추가해 마무리한다.

**마스터의 메모**

파란색이지만, 스카이 다이빙과는 또 다른 느낌의 파란색으로 이국적인 바다가 떠오릅니다. '비주얼 칵테일'은 외관을 중시하는 것이 대부분인데, 이 걸프 스트림은 맛도 아주 좋습니다. 칵테일의 이름은 멕시코만류라는 뜻입니다. 세계 최대 규모의 온난해류로, 그 눈부신 해류를 방불케 한다는 의미에서 이름이 붙었다고 합니다.

밀려드는 '푸르른 해류'

## 어스퀘이크

지진 주의! 다른 차원으로 보내버리는 도수

`아주 강함`  `드라이함`  `취하고 싶을 때`

[재료]
진 30ml / 위스키 30ml / 압생트 30ml

셰 이커에 진, 위스키, 압생트를 얼음과 함께 넣는다. 셰이크한 후 잔에 따라낸다.

**마스터의 메모**

어스퀘이크라는 이름처럼 지진과 같은 충격을 줍니다. 알코올 도수가 꽤 높고 술맛이 강한 칵테일이라 평소에는 추천하지 않습니다. 진과 위스키를 한데 섞은 것도 모자라 여기에 압생트를 이만큼 넣는 것만 해도 보통은 아니기 때문에, 얼마나 마시기 괴로울지 짐작이 갈 것입니다. 다만, 이 강한 술맛에 매료되는 사람이 의외로 많다는 것도 특징입니다.

## 롱아일랜드 아이스티

홍차인 척하는 맛에 속지 마세요

`강한 편`  `달고 드라이함`  `언제든`

[재료]
진 15ml / 보드카 15ml / 럼 15ml / 테킬라 15ml / 쿠앵트로 15ml / 레몬 주스 30ml / 콜라 40ml

크 러쉬드 아이스를 담은 잔에 진, 보드카, 럼, 테킬라, 쿠앵트로, 레몬 주스를 넣은 다음 잘 섞는다. 그 위로 콜라를 붓고 가볍게 젓는다.

**마스터의 메모**

미국의 뉴욕주 롱아일랜드에서 탄생한 칵테일입니다. 홍차를 한 방울도 사용하지 않고 아이스티의 색과 맛을 만들어냅니다. 맛은 정말 좋습니다. 이 한 잔만으로 진, 보드카, 럼, 테킬라를 모두 체험할 수 있습니다. 콜라를 제외한 재료를 셰이크해서 만들거나 콜라의 탄산을 날려버리는 등 여러 제조법이 있습니다.

## 다이너마이트 콕

폭탄같이 터지는 술기운

[재료]
론리코 151 45ml / 콜라 적당량 / 자른 레몬

얼음이 담긴 잔에 론리코 151을 넣고, 그 위로 탄산이 날아가지 않도록 주의하며 콜라를 붓는다. 마지막에 레몬즙을 짜 넣는다.

### 마스터의 메모

론리코 151은 알코올 함량이 151프루프 라는 의미입니다. 프루프는 도수를 나타내는 한 단위인데, 프루프 수치를 2로 나눈 값이 바로 우리가 아는 알코올 도수입니다. 즉 론리코 151은 75.5도로, 그냥 마시기에는 부담스러운 술입니다. 여기에 콜라를 섞어 럼 콕이 됨으로써 의외로 마시기 편해졌습니다. 알코올 도수가 높은데도 술술 들어가서 갑자기 확 취할 수 있으므로 조심하기를 바랍니다.

## 좀비

'살아 있는 시체'가 되어볼까?

[재료]
자메이카 럼 30ml / 화이트 럼 50ml / 론리코 151 15ml / 오렌지·패션후르츠·생파인애플·레몬 주스 각각 30ml / 애프리콧 브랜디 15ml / 자른 파인애플·체리 등

세 종류의 럼과 애프리콧 브랜디, 오렌지·패션후르츠·파인애플·레몬 주스를 얼음과 함께 셰이크한다. 내용물을 얼음이 담긴 잔에 따른다. 마지막에 자른 파인애플·체리 등으로 장식한다.

### 마스터의 메모

여러 럼을 섞어 마시면 만취한다는 이야기가 있습니다. 실제로 이 칵테일을 세 잔 마신 손님이 취해서 택시는 물론 공항에서도 심하게 난동을 부려 결국 비행기에 타지 못했습니다. 그런데 그대로 행방불명되어 다들 걱정하며 찾아 나섰다지요. 발견된 그는 공항을 방황하고 있었고, 그 모습이 마치 좀비 같았다고 합니다. 그렇게 칵테일의 이름이 지어졌습니다.

요코하마 출신의 '거친 녀석'

## 잭 타르

`아주 강함`  `달고 산뜻함`  `취하고 싶을 때`

[재료]
론리코 151 30ml / 서던 컴포트 25ml /
라임 주스 25ml / 자른 라임

얼음이 담긴 셰이커에 론리코 151, 서던 컴포트, 라임 주스를 넣어 셰이크한다. 내용물을 얼음이 담긴 잔에 따른다. 마지막에 자른 라임을 넣는다.

**마스터의 메모**

요코하마 차이나타운의 바 <윈드 자마>에서 만들어진 칵테일입니다. 론리코 151은 앞서 설명했다시피 75도로 아주 셉니다. 게다가 서던 컴포트도 옛날에는 알코올 도수가 50도 이상이었다죠(지금은 20~25도 정도). 이렇게 강렬한 두 종류의 술을 조합한 것이 정석적인 잭 타르로, 마시면 100% 만취할 수 있습니다.

## 프랜시스 알버트

`아주 강함`  `드라이함`  `취하고 싶을 때`

[재료]
탱커레이 30ml / 와일드 터키 30ml

탱커레이와 와일드 터키를 얼음과 함께 셰이크한 다음 잔에 따라낸다.

금단의 '댄디즘'이란?

**마스터의 메모**

미국의 유명 배우 프랭크 시나트라의 본명에서 따온 이름으로, 일본에서 만들어진 칵테일입니다. 칵테일의 베이스가 되는 술은 기본적으로 한 종류만 쓰는데, 이 칵테일은 보통 베이스로 쓰이는 진과 위스키 두 가지를 함께 섞어 알코올 도수가 높습니다. 진과 위스키를 섞었다고 무조건 맛있을 리는 없지만, 탱커레이와 와일드 터키는 궁합이 잘 맞아서 높은 도수에 비해 숙취가 잘 없다고 합니다.

편치를 받아들일 준비가 되었는가?

## 그린 알래스카

`아주 강함` `드라이함` `취하고 싶을 때`

[재료]
드라이 진 45ml / 샤르트뢰즈 15ml

믹싱 글라스에 드라이 진, 샤르트뢰즈를 넣고 스터한다. 스트레이너를 사용해 잔에 따라낸다.

**마스터의 메모**
인터넷에서 알코올 도수가 높은 칵테일을 검색하면, 늘 상위에 노출되는 칵테일입니다. 드라이 진과 함께 넣는 샤르트뢰즈는 알코올 도수가 55도인 것도 있습니다. 색은 선명하고 예쁘지만, 꽤 펀치감이 느껴집니다.

## 나무아미타불

`아주 강함` `달달함` `취하고 싶을 때`

[재료]
압생트 30ml / 예니 라키 20ml / 그린 바나나 시럽 15ml

잔에 압생트, 예니 라키, 그린 바나나 시럽을 넣고 잘 젓는다.

**마스터의 메모**
'마실 수 없는 칵테일을 만들어볼까?'라는 제 호기심 때문에 탄생한 칵테일입니다. 젊었을 적에 이 칵테일을 친구가 맛있다면서 마셨는데, 다른 가게로 이동하려던 그때, 그 친구가 갑자기 쓰러져버렸습니다. 너무 취해버려서 결국 구급차를 불러야 했습니다. 그때 함께 있던 친구가 "나무아미타불"이라며 합장하는 모습을 보고 이름을 정했습니다. (웃음) 저희 가게에서 주문받고 있으니 궁금하신 분은 도전해보세요.

부디 염불 외는 일이 없기를?!

계속 생각나는 '독한' 맛

## 보드카 아이스버그

아주 강함   드라이함   취하고 싶을 때

[재료]
보드카 60ml / 페루노 1dash

얼음이 담긴 잔에 보드카를 넣고 얼음과 섞는다. 그 위로 페루노를 떨어뜨리고 가볍게 젓는다.

**마스터의 메모**

이 칵테일도 알코올 도수가 높은 칵테일로 유명합니다. 보드카에 페루노(압생트)를 첨가했습니다. 저는 독하다고 생각하는데, 의외로 좋아하는 사람이 많아 보입니다. 역시 사람마다 입맛도 다른가봅니다.

## 앰버 드림

아주 강함   달고 드라이함   취하고 싶을 때

[재료]
진 20ml / 샤르트뢰즈(그린) 20ml /
페르넷 블랑카 20ml

믹싱 글라스에 진, 샤르트뢰즈, 페르넷 블랑카를 넣고 스터한다. 스터가 끝나면 스트레이너를 씌워 칵테일 글라스에 따른다.

**마스터의 메모**

일본에서는 페르넷 블랑카가 아닌 스위트 베르무트를 사용합니다. 해외에서는 페르넷 블랑카를 쓰는데 알코올이 더 세다 보니 아무래도 마시기 쉽지 않습니다. 상당히 독해서 정말로 취하고 싶을 때가 아니라면 마시지 않는 편이 좋습니다. 취하는 것은 확실히 보장합니다.

'오늘은 완전히 취하고 싶은' 사람의 술친구

## 니콜라시카

`강함` `달고 드라이함` `언제든`

[재료]
브랜디 적당량 / 설탕 1tsp / 레몬 슬라이스

**적**당량의 브랜디를 잔에 따르고, 잔 위에 설탕을 올린 레몬 슬라이스를 둔다. 마실 때는 레몬을 반으로 접어 베어 문 다음 입안에 새콤달콤한 맛이 퍼지면 브랜디를 마신다.

'입안'에서 완성하는 칵테일

**마스터의 메모**

독일 함부르크에서 만들어진 칵테일입니다. 제조법이 곧 마시는 방법으로, 입안에서 칵테일을 만드는 방식입니다. 먼저 설탕을 올린 레몬을 베어 물고 나서 브랜디를 마신다는 일련의 동작이 흥미롭기도 한데 맛도 아주 좋습니다. 한 번쯤 마셔볼 만한 칵테일입니다.

## B-52

`강함` `달달함` `언제든`

[재료]
칼루아 20ml / 베일리스 20ml / 그랑 마르니에 20ml

**칼**루아→베일리스→그랑 마르니에 순으로 바 스푼을 사용해 천천히 따른다. 세 개의 층이 생기도록 따라내어 완성한다.

상황에 맞춰 즐겨주세요

**마스터의 메모**

B-52는 미국의 폭격기 명칭입니다. 폭격기라는 이미지 때문에, 미국에서는 가장 위층인 그랑 마르니에에 불을 붙여 빨대로 마십니다. 전쟁에서 유래한 조금 나쁜 의미의 칵테일이라 호텔이나 격식 있는 바에서는 주문하지 않는 편이 좋습니다. 다만, 맛은 달고 좋아 가볍게 재미로 마시기 좋을 때 마셔봅시다.

마시기 편한 샷 칵테일도 있지요

## 우우

`보통` `산뜻함` `언제든`

[재료]
보드카 15ml / 페슈 15ml / 생크랜베리 주스 15ml

**보**드카, 페슈, 생크랜베리 주스를 얼음과 함께 셰이커에 넣어 셰이크한다. 내용물을 샷 글라스에 따라낸다.

**마스터의 메모**
샷 칵테일을 마신다면, 꼭 마셔보셨으면 할 정도로 추천하는 칵테일입니다. 다 같이 샷 한 잔하자는 분위기인데 테킬라는 피하고 싶다면 우우를 주문해보세요. 알코올도 그렇게 강하지 않고 맛있어서 정말 마시기 좋답니다.

## 바주카 조

`강함` `달달함` `언제든`

[재료]
베일리스 20ml / 블루 큐라소 20ml /
바나나 리큐어 20ml

**바**나나 리큐어→블루 큐라소→베일리스 순으로 바 스푼을 사용해 천천히 층을 만들듯이 샷 글라스에 따른다.

**마스터의 메모**
생크림 리큐어인 베일리스와 바나나 리큐어는 정말 잘 어울리는 조합입니다. B-52를 주문하고 싶지만, 상황상 주문할 수 없을 때는 맛이 비슷한 이 칵테일을 추천합니다.

살살 녹는 달콤함이지만, 한 번에 불이 붙는 강렬함

205

## 알라바마 슬래머

보통 / 달달함 / 언제든

[재료]
서던 컴포트 20ml / 아마레토 20ml / 슬로 진 10ml / 레몬 주스(과즙) 10ml

얼음이 담긴 셰이커에 서던 컴포트, 아마레토, 슬로 진, 레몬 주스를 넣는다. 셰이크한 다음 샷 글라스에 따라낸다.

**마스터의 메모**
단맛은 싫고 산뜻한 칵테일을 마시고 싶은 분에게 딱 맞는 샷 칵테일입니다. 물론 **단맛**이 아예 없진 않지만 슬로 진과 레몬 주스의 산미 때문에 뒷맛이 시원해서 입에 잘 맞을 것입니다.

강경 단맛 거부파인 당신에게

---

## 퍼플 니플

강함 / 산뜻함 / 언제든

[재료]
예거마이스터 15ml / 미도리 15ml / 오렌지 주스 15ml / 크랜베리 주스 30ml

예거마이스터, 미도리, 오렌지 주스, 크랜베리 주스를 얼음과 함께 셰이커에 넣는다. 셰이크한 다음 샷 글라스에 따라낸다.

**마스터의 메모**
샷 칵테일은 예거 샷을 보면 알 수 있듯이 각성이라는 의미도 담고 있습니다. 다만, 예거 샷만이라면 써서 못 마시는 분도 많을 것입니다. 이 칵테일은 예거마이스터에 미도리, 오렌지 주스, 크랜베리 주스가 들어가서 과일 향이 물씬 납니다. 마시기 좋은 예거 샷이라고 해도 좋겠네요.

술 깨려고 마시는데 왜 이렇게 잘 넘어가지?

멜론과 생크림, 최고의 교류

## E.T.

보통 | 달달함 | 언제든

[재료]
미도리 15ml / 베일리스 15ml / 보드카 15ml

미도리, 베일리스, 보드카를 얼음과 함께 셰이크한 다음 샷 글라스에 따라낸다.

**마스터의 메모**

미도리+베일리스는 곧 멜론과 생크림의 만남으로 실패가 없는 조합입니다. 여기에 보드카를 넣어 술맛을 더했습니다. 해외에서 많이 볼 수 있는 대표적인 달콤한 샷 칵테일입니다. 1982년 개봉한 미국 SF 영화 <E.T.>에서 이름을 따왔다고 합니다.

## 아일랜드 블루 슈터

보통 | 달달함 | 언제든

[재료]
미도리 30ml / 보드카 30ml / 레드불 30ml

미도리, 보드카를 샷 글라스에 따른다. 그 위로 레드불을 잔이 가득 차도록 부은 다음 가볍게 젓는다. 또는 레드불의 탄산을 뺀 다음 재료를 셰이크해 잔에 따라도 된다.

미국식 에너지 주입

**마스터의 메모**

레드불 보드카에 샷 명물인 단맛(미도리)을 더해 마시기 편하게 만든 칵테일입니다. 아일랜드라는 이름이 붙긴 했지만, 아무리 생각해도 미국스러운 칵테일입니다. 만드는 방법을 두 가지 소개했는데요. 샷 칵테일이기 때문에 레드불의 탄산을 빼고 셰이크하는 편이 더 마시기 좋다고 생각합니다.

감미로운 '남쪽 바다의 기억'을

## 펄 하버

보통 / 달달함 / 언제든

[재료]
미도리 40ml / 보드카 20ml / 파인애플 주스 15ml

얼음을 담은 셰이커에 미도리, 보드카, 파인애플 주스를 넣는다. 셰이크한 다음 샷 글라스에 따라낸다.

**마스터의 메모**

이 칵테일은 셰이크한 다음 칵테일 잔에 담아주는 바텐더가 많을 것입니다. 다만, 맛으로 볼 때 샷에 가깝다고 생각해서 여기서는 샷 칵테일로 소개했습니다. 합이 좋은 미도리와 파인애플의 조합에 보드카로 알코올 도수를 높여 샷을 즐길 수 있도록 준비했습니다.

---

### 마스터의 혼잣말

## 전 세계에서 인기 폭발 중인 피스코!

167쪽에서 '피스코 사워'를 소개했었는데요. 이 칵테일 덕분에 피스코는 지금 세계에서 가장 인기를 모으고 있는 술 중 하나가 되었습니다.

피스코는 포도 100%로 만들어진 증류주로, 당질이 0이라서 다이어트에도 좋습니다. 포도로 만든 술 하면 브랜디가 있지요. 브랜디는 술통에서 숙성하므로 나무의 색이 물들어 갈색을 띱니다. 그러나 일부 피스코는 스테인리스에서 숙성하므로 색이 없습니다. 생산지인 페루에서는 신의 술이라고 불리는 국민 술입니다.

피스코의 탄생은 16세기까지 거슬러 올라갑니다. 당시 페루는 스페인의 식민지였습니다. 와인을 생산하던 스페인은 식민지인 페루에서도 포도밭을 경작해서 와인을 생산시켰습니다. 그런데 페루의 기후가 스페인보다도 포도 생산에 적합하여 스페인산보다 맛있는 와인이 만들어졌습니다. 이것은 스페인의 와인 산업을 압박하는 얄궂은 결과를 낳습니다.

그러자 스페인은 페루산 와인의 생산을 금지합니다. 페루는 포도밭이 있는데도 와인을 만들지 못하게 되자 증류주라는 아이디어를 냈고, 그렇게 피스코가 세상에 나왔습니다.

세 종류 이상의 포도 품종을 블렌딩하면 '아촐라도'라고 하며, 이것이 맛있는 피스코의 조건입니다. 참고로 한 종류의 포도로 만들면 '푸로'라고 합니다.

논 알코올 칵테일

## 셜리 템플

`없음`　`달고 산뜻함`　`언제든`

[재료]
그레나딘 시럽 20ml / 진저에일 적당량 / 돌려 깎은 레몬 껍질

얼음이 담긴 잔에 그레나딘 시럽을 넣는다. 탄산이 날아가지 않도록 주의하며 진저에일을 붓고 가볍게 젓는다. 마지막에 돌려 깎은 레몬 껍질로 장식한다.

행복이 약속된 '대표적인 논 알코올'

**마스터의 메모**
대표적인 논 알코올 칵테일입니다. 논 알코올 칵테일이라고 하면 역시 셜리 템플이지요. 1930년 알려진 유명 아역배우인 셜리 템플의 이름에서 땄습니다. 그레나딘 시럽과 진저에일을 섞어 달면서도 산뜻해 마시기 좋습니다.

## 사라토가 쿨러

`없음`　`산뜻함`　`언제든`

[재료]
라임 주스 20ml / 시럽 1tsp / 진저에일 적당량 / 레몬 슬라이스

라임 주스, 시럽을 얼음이 담긴 잔에 따른다. 그 위로 탄산이 날아가지 않도록 주의하며 진저에일을 천천히 부은 다음 가볍게 섞는다. 마지막에 레몬 슬라이스를 넣는다.

**마스터의 메모**
셜리 템플은 그레나딘 시럽을 20ml나 넣기 때문에 단맛이 강합니다. 한편, 사라토가 쿨러에서 단맛을 내는 재료는 라임 주스와 한 티스푼의 시럽이 전부라서 상당히 산뜻한 맛이 납니다. 칵테일스러움을 느낄 수 있으므로 깔끔하게 한잔하고 싶은 분들에게 추천합니다.

단맛이 덜어낸 본격적인 풍미

논 알코올 칵테일

숙녀분께는 신선한 주스를

## 신데렐라

없음 / 달고 산뜻함 / 언제든

[재료]
오렌지 주스 20ml / 파인애플 주스 20ml /
레몬 주스 20ml / 마라스키노 체리, 민트 등

셰이커에 얼음과 오렌지 주스, 파인애플 주스, 레몬 주스를 넣는다. 셰이크한 다음 잔에 따른다. 취향에 따라 마라스키노 체리나 민트로 장식한다.

**마스터의 메모**

이름은 물론 동화 <신데렐라>에서 따왔습니다. 의외로 만들기 어려운데, 관건은 오렌지, 파인애플, 레몬을 모두 갓 짜낸 주스를 사용하는 것입니다. 시판용 주스와 직접 짜내어 만든 주스를 섞어서 쓰면 맛의 격차가 생겨버립니다. 예전에는 이 균형 맞추기에 실패해서 손님이 남기고 간 적도 있었습니다. 지금은 과일을 맛본 후에 시럽을 추가하거나 주스의 양을 연구해서 만들고 있습니다.

## 버진 브리즈

없음 / 산뜻함 / 언제든

[재료]
크랜베리 주스 90ml / 자몽 주스 90ml / 레몬 슬라이스

크러쉬드 아이스를 담은 잔에 자몽 주스를 넣고 크랜베리 주스를 붓는다. 마지막에 레몬 슬라이스를 넣는다. 마실 때는 빨대로 섞으면서 마신다.

불어라, '안 달게 바람'

**마스터의 메모**

보드카 베이스의 시 브리즈에서 보드카를 빼 논 알코올 칵테일로 재탄생시켰습니다. 논 알코올 칵테일이라고 하면 대부분 달콤한 음료가 많은데, 버진 브리즈는 산뜻한 맛이 특징입니다. 외관도 화려해서 칵테일 마시는 기분 내기에 딱 맞습니다.

## 후르츠 펀치

`없음`  `달달함`  `언제든`

[재료]
파인애플 주스 90ml / 오렌지 주스 60ml /
망고 주스 30ml / 그레나딘 시럽 5ml / 딸기 등

**파** 인애플 주스, 오렌지 주스, 망고 주스, 그레나딘 시럽을 거품기로 휘저어준 다음 얼음과 함께 셰이커에 넣어 셰이크한다. 크러쉬드 아이스를 담은 잔에 내용물을 따라내고, 취향에 따라 딸기나 꽃으로 장식한다.

'오늘 밤 주인공'은 바로 너!

**마스터의 메모**
보이는 바와 같이 풍부한 과일 맛을 자랑하는 트로피컬 음료입니다. 바에서 마시는 후르츠 펀치라고 생각하시면 될 듯합니다. 화려한 비주얼 덕분에 알코올이 들어 있지 않아도 절로 흥이 오르는 논 알코올 칵테일입니다.

---

## 푸시 풋

`없음`  `달달함`  `언제든`

[재료]
파인애플 주스 90ml / 오렌지 주스 60ml /
망고 주스 30ml / 그레나딘 시럽 5ml /
달걀노른자 1개 / 딸기 등

**달** 걀노른자는 거품기로 풀어준다. 그리고 파인애플 주스, 오렌지 주스, 망고 주스, 그레나딘 시럽과 함께 얼음을 담은 셰이커로 셰이크한 다음 잔에 따른다.

진짜 논 알코올이라고?

**마스터의 메모**
재료는 후르츠 펀치와 거의 비슷해서 과일 맛이 강한데, 달걀노른자가 들어가 감칠맛이 추가돼 한층 더 칵테일 같은 느낌이 납니다. 말하지 않으면 논 알코올인지 모를 수도 있습니다. 칵테일 마시는 기분을 내고 싶은 분이라면 꼭 주문해보세요.

논 알코올 칵테일

얼음 아이스크림이 맛의 조력자

## 키위 스쿼시

| 없음 | 달고 산뜻함 | 언제든 |

[재료]
키위 시럽 30ml / 자몽 주스 45ml / 진저에일 적당량 /
아이스쿨(허니자몽 맛) / 키위

**잔**에 한 개 분량의 키위를 넣고 으깬다. 그 위로 키위 시럽과 자몽 주스를 넣고 잘 섞어준다. 잘 섞였다면 크러쉬드 아이스를 넣고 한 번 더 섞는다. 키위 과육이 고루 퍼지도록 한 다음 진저에일을 붓는다. 잔의 어느 부분을 봐도 키위가 보이도록 섞어 젓는다. 마지막에 허니자몽 맛 아이스쿨을 넣는다.

**마스터의 메모**
키위 스쿼시는 저의 오리지널 칵테일입니다. 크러쉬드 아이스만 들어가면 녹으면서 맛이 연해질 텐데, 아이스쿨을 반쯤 넣어 자몽 맛이 첨가되어 마지막까지 맛있게 즐길 수 있습니다.

## 논 알코올 싱가포르 슬링

| 없음 | 달고 산뜻함 | 언제든 |

[재료]
파인애플 주스 120ml / 라임 주스 15ml /
그레나딘 시럽 15ml / 앙고스투라 비터스 1dash /
건조 파인애플, 레드 체리 등

**파**인애플 주스, 라임 주스, 그레나딘 시럽, 앙고스투라 비터스을 얼음과 함께 셰이크한 다음 얼음이 담긴 잔에 따른다. 취향에 따라 레드 체리, 건조 파인애플 등으로 장식한다.

**마스터의 메모**
정말 유명한 칵테일인 싱가포르 슬링의 논 알코올 버전입니다. 전혀 논 알코올 칵테일처럼 보이지 않아서 술을 잘 못 마시는 분들도 바에서 눈치 보지 않고 주문할 수 있을 것입니다.

'이국적인 분위기'에 젖어보자

*귀엽기만 한 줄 알았는데*

## 피치 쿨러

( 없음 )  ( 달달함 )  ( 언제든 )

[재료]
파인애플 주스 90ml / 오렌지 주스 45ml /
모닌 딸기 시럽 40ml / 진저에일 적당량 /
레몬, 체리, 파인애플, 꽃 등

셰이커에 파인애플 주스, 오렌지 주스, 모닌 딸기 시럽을 얼음과 함께 넣어 셰이크한다. 얼음이 담긴 잔에 내용물을 따른다. 그 위로 천천히 진저에일을 붓고 가볍게 젓는다. 취향에 따라 꽃이나 레몬 등으로 장식한다.

**마스터의 메모**

주스나 시럽만 들어가면 어쩔 수 없이 달아질 수밖에 없는데요. 하지만 피치 쿨러는 나중에 진저에일을 추가해서 그저 달지만은 않은. 복잡한 맛이 납니다. 게다가 탄산도 있어서 칵테일 느낌도 낼 수 있습니다. 재료 간의 궁합도 좋아서 누가 마셔도 맛있습니다.

## 하츠코이

( 없음 )  ( 달달함 )  ( 언제든 )

[재료]
칼피스 30ml / 크랜베리 주스 90ml / 믹스 베리, 민트 등

잔에 칼피스를 넣고 그 위로 크러쉬드 아이스를 넣는다. 이 상태에서 빨대를 꽂는다. 그리고 위에서부터 천천히 크랜베리 주스를 붓는다. 크랜베리 주스는 칼피스보다 가벼워서 층이 생긴다. 마지막으로 믹스 베리나 민트 등으로 장식한다.

*잊고 있었던 추억이 되살아난다?*

**마스터의 메모**

저의 오리지널 논 알코올 칵테일입니다. 마지막에 빨대를 꽂으면 내용물이 섞이기 때문에 크랜베리 주스를 붓기 전에 빨대를 꽂습니다. 마실 때 섞어주면 분홍색으로 바뀝니다. 칼피스 맛과 함께 어쩐지 첫사랑이 떠오르지 않나요? 저희 가게에서 많은 사랑을 받는 논 알코올 칵테일입니다.

# Column 5 [마스터의 히스토리-후편]

300만 엔을 밑천 삼아 시작한 해산물 덮밥집은 잘되지 않았습니다. 고기잡이 일을 하며 시장에 내놓지 못한 생선을 쓴다면 사실상 해산물 비용은 전혀 들지 않기 때문에 아주 저렴하게 해산물 덮밥을 팔았습니다. 그러나 생선이 부족할 때는 따로 구매할 수밖에 없었습니다. 그러면 정가 580엔에서 원가만 500엔이 되는 일이 발생해서 결국 이익이 전혀 나지 않기도 했지요.

아침 일찍부터 생선을 잡고 밤늦게까지 가게를 운영하다 보니 수면시간은 하루 평균 고작 3시간뿐이었습니다. 아무리 일해도 이익이 남지 않는다는 괴로움과 수면 부족의 영향으로 어느 날 운전 중에 깜빡 졸고 말았습니다. 하마터면 죽을 뻔한 이 경험은 제 삶의 방향을 바꾸는 계기가 됩니다.

'나는 바텐더다'라는 사실을 떠올려 가게를 해산물 바 술집이라는 콘셉트로 바꿨는데, 이 가게가 손님들의 호응을 크게 얻었습니다. 예약하지 않으면 갈 수 없는 맛집이 된 것입니다.

영업이 궤도에 올랐다는 기쁨을 누리기도 잠시, 사람이 많이 몰리는 일로 매일같이 인근 주민에게 불만을 듣게 되었고, 결국 가게를 다른 곳으로 옮겼습니다. 그리고 발견한 곳이 지금의 <ANCHOR>가 있는 장소입니다.

지어진 지 80년 정도 된 오래된 민가를 리모델링해서 가게로 탈바꿈했습니다. 그런데 사실 이 장소는 '저주받았다'라는 소문이 있는 복잡한 사연의 건물로, 사려는 사람이 없어 상당히 싼 가격에 매물로 나와 있었습니다. 저는 그런 소문도 모르고 들어갔는데, 저주받기는커녕 이마바리시의 생선도 맛볼 수 있고 바처럼 술도 마실 수 있다는 장점 덕분에 가게는 번성했습니다.

그렇게 정신없이 바쁜 나날을 보내던 어느 날, 코로나가 들이닥쳤습니다. 가게를 열 수 없기도 했고, 영업을 해도 손님이 오지 않기도 해서 '이제는 정말 다 끝났구나'라고 생각했습니다.

그러던 중, 가게에 올 수 없는 단골손님을 위해 집에서도 만들 수 있는 칵테일 제조법을 영상으로 찍어 유튜브에 올리고는 링크를 공유했습니다. 그리고 이 영상들이 좋은 반응을 얻었습니다. 마침 가게를 열지 못해 한가하기도 해서 유튜브 채널을 개설했습니다.

원래는 가게 방문이 어려운 단골손님을 위해 시작했던 유튜브가 많은 분들의 사랑을 받아, 이렇게 출판까지 하게 되었네요. 정말 인생이란 무슨 일이 어떻게 일어날지 모른다는 것을 깊이 실감합니다.

Chapter 8

# 눈을 감으면 그곳이 여기에…
# 유명 가게의
# 오리지널 칵테일 체험

이 장에서는 요코하마에 있는 다이닝바 <Newjack>에서 제공한 인기 칵테일과 <신주쿠 위스키 살롱> 바의 시즈타니 가즈노리 씨의 오리지널 칵테일을 소개합니다.

## 뉴잭 진 토닉

`약한 편`  `산뜻함`  `언제든`

[재료]
오이 진 30ml / 라임 주스 1tsp / 토닉워터 120ml /
셀러리 비터스 2dash / 오이 슬라이스

얼음이 담긴 잔에 자체 제작한 오이 진, 라임 주스, 토닉워터를 넣고 가볍게 젓는다. 여기에 셀러리 비터스, 오이 슬라이스를 넣는다.

오이의 결정적 한 방

**Newjack 메모**
오이와 셀러리를 사용해 신선하고 향긋한 향이 나는 진 토닉으로, 개업 당시부터 제공하고 있는 시그니처 칵테일입니다. 진에 오이를 담가 만든 자체 제작한 오이 진을 사용하고 있습니다.

---

## 마리골드와 밀짚모자 진 토닉

`약한 편`  `산뜻함`  `언제든`

[재료]
마리골드 진 30ml / 엘더플라워 토닉워터 120ml /
마리골드 스프레이 2PUSH

자체 제작한 마리골드 진을 얼음이 담긴 잔에 따른다. 그리고 얼음에 닿지 않도록 주의하며 엘더플라워 토닉워터를 부은 다음 가볍게 휘젓는다. 마리골드 스프레이를 두 번 뿌리고 밀짚모자를 잔에 씌운다.

**Newjack 메모**
풀내음이 나는 마리골드의 줄기를 건조해 진에 담가 마리골드 진을 만들었습니다. 마리골드 하면 가수 아이묭의 노래가 떠올라 노래 가사에 나오는 밀짚모자를 잔에 씌워보았습니다. 아이묭에게서 영감을 얻은 칵테일입니다.

어느샌가 동명의 노래를 흥얼흥얼 ♬

새로운 '칵테일의 왕' 등장

## 마티니 진 토닉

`약한 편`  `드라이함`  `언제든`

[재료]
올리브 진 30ml / 드라이 베르무트 10ml /
메디탈레니안 토닉워터 50ml / 소다 50ml /
올리브 비터스 2dash / 올리브

금기 뺀 올리브를 슬라이스해서 건조한 다음 진에 담가 올리브 진을 만든다. 올리브 진과 드라이 베르무트를 얼음이 담긴 잔에 따른다. 그 위로 얼음에 닿지 않도록 천천히 토닉워터, 소다를 붓고 가볍게 휘젓는다. 올리브 비터스를 뿌리고 올리브로 장식한다.

**Newjack 메모**

칵테일의 왕이라고 불리는 마티니가 도수가 높은 탓에 선뜻 마시기 어려웠던 분들이 있을 겁니다. 그러한 분들도 마실 수 있는 드라이한 진 토닉입니다. 올리브 맛을 특별한 방법으로 마티니에 옮긴 새로운 칵테일의 왕입니다.

## 멜론 크림 진 토닉

`약한 편`  `달고 산뜻함`  `언제든`

[재료]
후르츠 진 30ml / 멜론 리큐어 15ml / 토닉워터 45ml /
소다 45ml / 마라스키노 체리 / 카모마일 에스푸마

과일을 진에 담가 만든 자체 제작 후르츠 진, 멜론 리큐어를 얼음이 담긴 잔에 따른다. 그 위로 토닉워터, 소다를 부은 다음 가볍게 휘젓는다. 마라스키노 체리를 넣고, 마지막으로 에스푸마를 얹는다.

멜론 소다를 마시는 기분

**Newjack 메모**

망고, 파인애플, 오렌지를 진에 담가 후르츠 진을 만듭니다. 멜론 리큐어와 섞어서 멜론 소다 느낌으로 만든 다음 그 위에 크림처럼 보이는 카모마일 에스푸마(거품)를 올렸습니다. 에스푸마는 크림만큼 달지는 않고 깔끔한 맛을 냅니다.

유명 가게 칵테일

독특한 향을 즐길 수 있는 커피 맛 진 토닉

## 통카 & 커피 토닉

약한 편 · 산뜻함 · 언제든

[재료]
통카 & 커피 진 30ml / 토닉워터 120ml

얼음이 담긴 잔에 자체 제작한 커피 진을 넣는다. 여기에 토닉워터를 부은 다음 가볍게 휘젓는다. 마지막으로 커피콩으로 장식한다.

**Newjack 메모**
통카 콩이라는 커피콩과 커피를 담가 통카 & 커피 진을 만듭니다. 통카 콩의 독특한 향과 커피의 탁월한 궁합이 느껴지는, 커피 맛의 진 토닉입니다.

---

## 피치 멜바 & 비트 토닉

약한 편 · 달달함 · 언제든

[재료]
피치 멜바 & 비트 진 30ml /
엘더플라워 토닉워터 120ml

자체 제작한 피치 멜바 & 비트 진을 얼음이 담긴 잔에 따른다. 그 위로 얼음이 닿지 않도록 천천히 엘더플라워 토닉워터를 부은 다음 가볍게 휘젓는다.

**Newjack 메모**
슈퍼 푸드라 불리는 비트와 피치 멜바라 불리는 바닐라 같은 달콤한 향이 나는 홍차, 그리고 히비스커스를 진에 담가 피치 멜바 & 비트 진을 만듭니다. 단맛도 즐길 수 있고 비트의 미용 효과도 기대할 수 있는, 여성을 겨냥해 만든 칵테일입니다.

미용 효과도 기대할 수 있는 여성을 위한 칵테일

*외국인을 위한 일본 스타일의 칵테일*

## 유자와 말차 진 토닉

`약한 편`  `산뜻함`  `언제든`

[재료]
유자 진 30ml / 말차 파우더 1tsp / 토닉워터 120ml

얼음이 담긴 셰이커에 자체 제작한 유자 진, 말차 파우더를 넣고 셰이크한다. 얼음이 들어간 잔에 내용물을 따른다. 그 위로 천천히 토닉워터를 붓고 가볍게 휘젓는다.

**Newjack 메모**

유자 껍질을 담가 자체 제작 유자 진을 만들고, 여기에 말차 파우더를 뿌려 일본풍의 진 토닉을 완성합니다. 마스(일본주를 마실 때 쓰는 나무로 만든 사각 잔-옮긴이)에 넣어 제공합니다. 일본 문화에 관심이 있는 외국인 손님에게 이러한 일본 스타일의 칵테일을 제공하면 기뻐합니다.

---

## 밤부 셰리 토닉

`약한 편`  `드라이함`  `언제든`

[재료]
드라이 진 10ml / 드라이 베르무트 10ml / 피노 셰리 30ml / 토닉워터 60ml / 소다 60ml

얼음이 담긴 잔에 드라이 진, 드라이 베르무트, 피노 셰리를 따른다. 그 위에 토닉워터, 소다를 천천히 부은 다음 가볍게 휘젓는다. 마지막에 대나무 잎으로 장식한다.

*요코하마다움을 표현하다!*

**Newjack 메모**

앞서 소개했던 칵테일 중에 셰리주와 베르무트를 사용한 '밤부'라는 요코하마 출신 칵테일이 있습니다. <Newjack>은 요코하마에 있는 가게라서 요코하마산 칵테일도 다룹니다. 이 칵테일도 요코하마다움을 표현한 칵테일입니다. '대나무'라는 뜻을 살려 가니시로 대나무 잎을 넣었습니다.

유명 가게 칵테일

사랑스러움+미각 최고 득점

## 어도러블

`보통`  `달달함`  `언제든`

[재료]
오이 진 35ml / 복숭아 리큐어 15ml /
엘더플라워 시럽 10ml / 레몬 주스 20ml /
달걀흰자 30ml / 건조 레몬

얼음이 담긴 셰이커에 오이 진, 복숭아 리큐어, 엘더플라워 시럽, 레몬 주스, 달걀흰자를 넣는다. 잘 셰이크한 다음 잔에 따른다. 마지막에 드라이 레몬으로 장식한다.

**Newjack 메모**

<Newjack>의 오너 야마모토 게이스케가 2014년 플레어 바텐딩 경연에서 우승할 때, 맛 부문 최고 득점을 얻은 작품입니다. '어도러블'은 영어로 '사랑스럽다'라는 뜻입니다. 맛으로 볼 때도 오이, 엘더플라워, 복숭아, 달걀흰자가 정말 잘 어우러져서 마시기 좋습니다. 특히 여성분들이 좋아하는 칵테일입니다.

## 그라치에 알라 나투라

`보통`  `달고 산뜻함`  `언제든`

[재료]
디사론노 30ml / 그라파 10ml /
클리어 카프레제 워터 50ml / 병아리콩물 15ml /
구연산 1g

토마토, 유청, 바질을 사용해서 클리어 카프레제 워터를 자체 제작한다. 그 외 재료와 함께 셰이크한 다음 잔에 따른다. 마지막에 카프레제 칩, 아몬드 치즈, 바질을 곁들인다.

**Newjack 메모**

2021년 SDGs(지속가능발전목표)를 고려한 소재로 칵테일을 창작하는 '디사론노 지속 가능한 칵테일 경연'에서 <Newjack> 점장 아사바 데쯔히로가 수상한 칵테일입니다. 마시는 카프레제라고 생각하시면 됩니다. 식재료를 낭비하지 않는다는 경연의 주제에 따라 병아리콩 캔의 물을 썼고 카프레제 워터를 만들 때 쓴 토마토도 재사용했습니다.

SDGs를 고려한 친환경 칵테일

`약간 강함` `달달함` `식후`

[재료]
애플 시나몬 버번 위스키 45ml /
디사론노 아마레토 15ml /
초콜릿 비터스 3dash

사과와 계피를 담가 만든 버번 위스키에 아마레토를 넣는다. 여기에 자체 제작한 쌉쌀한 맛의 초콜릿 비터스를 추가해 잘 젓는다. 마지막으로 계피로 연기를 내 향을 입히고, 얼음을 넣은 온더락 글라스에 따른다.

**Newjack 메모**

세계적으로 유명한 올드 패션드와 갓 파더의 트위스트 칵테일입니다. '붓다 브랜드'라는 일본 힙합 유닛을 패러디한 부분도 있고, <Newjack>이라는 가게 이름도 '뉴 잭 스윙'이라는 음악 장르에서 따왔기 때문에, 이 둘을 합쳐 이름을 지었습니다.

## 붓다 브랜드 뉴 패션

비주얼도, 맛도 뉴 패션

## 밀크 펀치

`보통` `달달함` `언제든`

[재료]
The SG Shochu KOME 25ml / 밀크 펀치 60ml / 건조 파인애플

> 더락 글라스에 얼음을 담고 자체 제작한 밀크 펀치와 The SG Shochu KOME를 넣어 휘젓는다. 건조 파인애플로 장식한다.

자체 제작 밀크 펀치와 SG Shochu의 더블 펀치

**Newjack 메모**

> 파인애플, 패션후르츠, 여러 향신료를 블렌더로 한 번에 섞고, 여기에 코코넛 밀크를 추가해 분리합니다. 요거트를 만들 때처럼 위쪽에 맑은 액체가 생기는데, 그것을 걸러서 자체 제작 밀크 펀치를 만듭니다. 추출액이 많이 나와 맛은 농후하면서도 가벼워서 마시기 좋습니다. 색은 투명하지만, 실은 다양한 맛을 품고 있습니다.

## 비즈 니스

`보통` `달고 산뜻함` `언제든`

[재료]
바비 진 30ml / 비피터 진 15ml / 레몬 주스 20ml / 꿀 10ml / 심플 시럽 1tsp / 유자차 2tsp

> 셰이커에 얼음과 바비 진, 비피터 진, 레몬 주스, 꿀, 시럽, 유자차를 넣는다. 셰이크한 다음 잔에 따른다. 마지막에 레몬 껍질로 장식한다.

일본 정취의 '최고'를

**Newjack 메모**

> 금주법 시대에 유행했던 칵테일 중 하나로, '최고'라는 뜻이 있습니다. 원래 진, 레몬 주스, 꿀이 들어간 간단한 칵테일이었는데, 여기에 유자차를 넣어 변화를 주었습니다. 교토에 있는 체인점 <비즈 니스>는 금주법을 테마로 한 바입니다. 교토는 외국인 손님이 많아 일본의 정취가 느껴지는 '비즈 니스'가 사랑받고 있습니다.

## 샤넬 넘버 5를 두른 매력적인 여성을 표현하다

`약간 강함`  `달고 산뜻함`  `언제든`

[재료]
버터플라이피 진 30ml /
심플 시럽 10ml / 레몬 주스 15ml /
노르데스 진 3ml / 프로세코 30ml

프로세코를 뺀 재료를 얼음과 함께 셰이커에 넣어 셰이크한다. 여기에 프로세코를 붓고 버드 글라스에 옮겨 담는다.

**Newjack 메모**

'프렌치 75'라는 유명 칵테일의 트위스트 칵테일입니다. 버터플라이피라는 태국의 허브티를 사용했습니다. 원래는 푸른빛이 도는 차인데, 레몬과 같은 산을 넣으면 보라색으로 변합니다. '버드'라는 명칭과 연결해서 새 모양의 잔을 썼고 여기에 깃털을 장식했습니다. 깃털에는 샤넬 넘버 5 향수를 뿌렸습니다. 버드가 여성을 의미하는 것을 발전시켜, '샤넬 넘버 5를 두른 프랑스의 매력 넘치는 여자'라는 이미지의 칵테일을 만들어보았습니다.

# 프렌치 버드

유명 가게 칵테일

## 트로픽 콜라다

`약한 편`  `달고 산뜻함`  `언제든`

[재료]
화이트 럼 20ml / 밀크 펀치 60ml / 토닉워터 45ml

화이트 럼, 밀크 펀치, 토닉워터를 얼음이 담긴 파인애플 컵에 따른다. 건조 파인애플, 에디블 플라워로 장식한다.

쭉쭉 들어가는 피나콜라다

**Newjack 메모**
피나콜라다의 트위스트 칵테일입니다. 밀크 펀치에 럼과 토닉워터를 넣어, 달고 마시기 편한 피나콜라다를 만들었습니다. 피나콜라다는 럼, 파인애플 코코넛 밀크가 들어간 달콤한 칵테일인데, 트로픽 콜라다는 밀크 펀치를 사용해서 조금 더 맑은 느낌이 납니다. 여기에 토닉워터도 추가해서 한 번에 꿀꺽꿀꺽 마실 수 있는 칵테일입니다.

## 두 왑 자스민 펀치

`약한 편`  `산뜻함`  `언제든`

[재료]
드라이 진 20ml / 매실주 15ml / 리치 시럽 10ml / 자스민차 60ml / 노르데스 진 1ml

셰이커에 드라이 진, 매실주, 자체 제작한 리치 시럽, 자스민차, 노르데스 진을 넣고 스로잉한다. 얼음이 들어간 와인 글라스에 내용물을 따라낸다. 엘더플라워를 장식해 완성한다.

우롱을 자스민으로

**Newjack 메모**
레게 펀치의 트위스트 칵테일입니다. 레게 펀치가 곧 피치 우롱인데, 술을 잘 마시지 못하는 분에게 인기입니다. 우롱차를 자스민차로 바꾸고, 복숭아는 빼고 진, 매실주, 자체 제작 리치 시럽을 넣어 만들었습니다. 알코올 도수가 낮아 술을 잘 못하는 분들도 즐길 수 있는, 산미 없이 화사한 한 잔입니다.

팔로마에 일본 느낌 한 스푼

## 팔로마 하풍

`약한 편` `산뜻함` `언제든`

[재료]
팔로마 믹스 110ml / 토닉워터 30ml / 소다 30ml

**맛**의 변화를 즐길 수 있도록 잔 테두리에 유카리(일본 조미식품-옮긴이)를 묻힌다. 그 잔에 얼음을 담고 자체 제작한 팔로마 믹스와 토닉워터, 소다를 부어 가볍게 휘젓는다.

**Newjack 메모**

멕시코에서 많이 마시는 팔로마에 일본 느낌을 섞은 이국적인 칵테일입니다. 핑크 자몽·오렌지·레몬 주스, 전차(센차), 자스민차, 아가베 시럽과 슈가 시럽을 아가 워싱(액체에 녹지 않는 요소들을 걸러내 응고시켜 투명화하는 작업의 일종-옮긴이)한 다음, 테킬라를 추가해 팔로마 믹스를 만들었습니다. 전차나 유카리로 일본의 요소를 추가한 것이 포인트입니다.

---

## 준 벅 2.0

`보통` `달달함` `언제든`

[재료]
진 20ml / 준 벅 믹스 80ml(코코넛·멜론·바나나 리큐어, 파인애플·자몽·레몬 주스, 레몬그라스, 슈가 시럽을 아가 워싱한다) / 지렁이 젤리

**믹**싱 글라스에서 진과 준 벅 믹스를 스터 한다. 스터가 끝나면 얼음이 담긴 온더락 글라스에 따라낸다. 얼음 위에 지렁이 젤리를 올려 장식한다.

자체 제작 준 벅이 맛의 포인트

**Newjack 메모**

90년대에 T.G.I.프라이데이스의 한국 지점에서 만든 칵테일인 준 벅을 현대식으로 재탄생시킨 트로피컬 느낌의 칵테일입니다. 코코넛 맛 술, 멜론 맛 술, 파인애플·레몬 주스 등을 아가 워싱해서 만든 자체 제작한 준 벅 믹스를 사용합니다. 참고로 '준 벅'이란 초록색 풍뎅이 같은 딱정벌레류를 말합니다.

유명 가게 칵테일

## 뉴잭 사워

`보통`　`달달함`　`언제든`

[재료]
하리보 진 30ml / 복숭아 브랜디 5ml /
엘더플라워 리큐어 10ml / 아몬드 시럽 10ml /
레몬 주스 20ml / 페이쇼드 비터스 5dash /
페르노 3dash / 달걀흰자 30ml

럽에서 사랑받는 젤리 하리보를 활용한 자체 제작 하리보 진과 그 외의 재료를 셰이크한 다음 잔에 따른다. 마지막으로 음료 표면에 'NEW JACK'이라는 글자를 쓴다.

하리보 젤리를 담가 만든 진이라고?!

**Newjack 메모**

클로버 클럽이라는 칵테일의 트위스트 칵테일입니다. 유럽에서 사랑받는 하리보 젤리를 진에 담가 녹여서 하리보 진을 만듭니다. 이 하리보 진을 사용해서 과자의 단맛을 표현한 사워 스타일의 칵테일입니다. 참고로 뉴잭은 슬랭으로 '애송이'라는 뜻이 있습니다.

---

## 허벌 진 토닉

`없음`　`산뜻함`　`언제든`

[재료]
논 알코올 진 네마 0.00% 스탠다드 30ml /
메디탈레니안 토닉워터 120ml / 카모마일 에스푸마

얼음이 담긴 잔에 논 알코올 진 네마 0.00% 스탠다드와 토닉워터를 따른 다음 가볍게 휘젓는다. 그 위에 카모마일 에스푸마를 올려준다.

**Newjack 메모**

요코하마에 있는 바 <Cocktail Bar Nemanja>의 기타조 도모유키가 직접 만든 논 알코올 진 토닉입니다. 꽃향기 물씬 풍기는 논 알코올 진에 카모마일 에스푸마를 얹은 허브 향의 칵테일입니다. 논 알코올이므로 운전해야 하는 분도 마실 수 있고, 본격적인 칵테일 마시는 기분을 낼 수도 있습니다.

논 알코올로도 본격적인 칵테일 기분을 낼 수 있다

## 권총 두 자루

두 종류의 더 글렌리벳으로 권총 두 자루를

보통 / 산뜻함 / 언제든

[재료]
더 글렌리벳 12년 40ml / 소다 UP
더 글렌리벳 14년 5ml(주사기로 주입) / 건조 사과

얼음이 담긴 잔에 더 글렌리벳 12년을 넣고 소다로 잔을 채운다. 건조 사과로 장식한다. 더 글렌리벳 14년을 넣어둔 주사기로 더 글렌리벳 14년을 플로트하면서 마신다.

### 마스터의 메모

<신주쿠 위스키 살롱>을 운영하는 위스키 마스터 시즈타니 가즈노리의 오리지널 칵테일입니다. 주세법 개정에 따라 정부 공인 제1호 증류소로 지정된 더 글렌리벳 증류소는 예전 밀조 동료에게 수도 없이 목숨을 위협받았습니다. 그래서 증류소의 설립자는 호신용으로 권총 두 자루를 항상 가지고 다녔는데, 여기서 칵테일 이름이 유래했습니다. 두 종류의 더 글렌리벳을 사용해 권총 두 자루를 표현했습니다.

---

## 미초 풀

보통 / 약간 달콤함 / 언제든

[재료]
진(사일런트 풀 권장) 40ml / 미초 석류 15ml /
피버트리 엘더플라워 토닉워터 UP / 에디블 플라워 /
봄빌라(혹은 빨대)

진, 미초 석류, 피버트리 엘더플라워 토닉워터를 잔에 넣고 가볍게 젓는다. 가니시로 에디블 플라워, 봄빌라, 빨대를 사용한다.

### 마스터의 메모

시즈타니 가즈노리의 오리지널 칵테일입니다. '육체 내부부터 아름답고 깨끗해졌으면 좋겠다'는 의도로 창작된 칵테일로, 영국의 프리미엄 진 '사일런트 풀 진'이 일본에서 처음 개최한 칵테일 경연 #3 아이템 챌린지에서 입상한 작품입니다. 꽃향기가 나는 격조 높은 사일런트 풀 진의 매력을 최대한으로 끌어냈습니다. 간단하지만 아름답고, 재현하기 쉬운 칵테일입니다.

몸속부터 아름다워지자!

# 마무리하며

마지막 레시피까지 함께해주셔서 감사합니다. 칵테일을 만들고 싶은 의욕이 충분히 생기셨나요?

이 책에서는 기본적인 칵테일 기법과 함께, 이를 응용하여 만들 수 있는 300개의 다양한 칵테일 레시피를 소개하고 있습니다. 독자 여러분이 조금 더 편하고 친숙하게, 집에서도 직접 칵테일을 즐기길 바라는 마음을 담아 책을 썼습니다.

그리고 한 가지 바람이 더 있는데요. 바로 실제로 바에 가서 칵테일을 즐겨보길 바란다는 것입니다. 직접 만든 칵테일과 프로 바텐더가 만든 칵테일을 비교하는 것도 하나의 즐거움이기 때문입니다.

김렛(141쪽 게재)이라는 셰이크 칵테일을 예로 들어보겠습니다. 김렛은 셰이크 실력에 따라 맛의 차이가 확연히 드러나는 칵테일입니다. 그래서 혼자 만들 때는 맛없을지도 모릅니다. 하지만 유명 바에 가서 김렛을 마셔보면 그 차이에 깜짝 놀랄 것입니다. 바텐더에게 만드는 법의 포인트를 묻고 직접 만들 때 조금씩 반영하다 보면 어느새 실력이

쑥쑥 늘어 있을 것입니다. 이렇게 다들 칵테일 만들기를 즐겨주신다면 저는 더 바랄 것이 없습니다.

그리고 책을 통해 지금까지의 제 발자취도 들려드렸는데요. 저는 바 덕분에 인생이 더욱 풍부해졌을 뿐만 아니라 구원까지 받았습니다. 그런 만큼, 바 업계에 은혜 갚고 싶다는 마음을 항상 품고 있습니다. 이 칵테일 책을 계기로 독자 여러분이 칵테일에 흥미를 갖고, '저 칵테일 마셔보고 싶다', '바에 가보고 싶어'라고 생각했다면 제게는 정말 큰 기쁨입니다.

마지막으로 이 책에 게재한 300잔의 칵테일의 작성, 촬영과 관련해 &lt;Newjack&gt;에서 헤아릴 수도 없을 만큼 많은 도움을 받았습니다. 정말 감사드립니다. 그리고 이 책을 제작하기 위해 고생하신 모든 분께 진심으로 감사의 마음을 전합니다.

칵테일 레시피는 무한합니다. 알려드린 300개의 레시피를 참고로 여러분만의 301번째 칵테일을 만들어보세요.

마스터 이에쓰네

저자
## 마스터 이에쓰네

마스터의 가게
**<Cocktail Bar ANCHOR>**

【주소】에히메현 이마바리시
에비스초 1-1-17
【홈페이지】https://anchor-b.com
【휴무】일요일·공휴일
【영업시간】
월~토 18:00~01:00

<취재 협조>
# Dining & Flair Bar Newjack

【주소】가나가와현 요코하마시 가나가와구 쓰루야초 2-19 야마모토 빌딩 4층
【홈페이지】https://new-jack.jp
【휴무】첫째 주 일요일
【영업시간】월~일 18:00~01:00